Apple Watch Buch

das inoffizielle Handbuch

Matthias Matting

Apple Watch Buch

das inoffizielle Handbuch

Vorwort

Liebe Leserin, lieber Leser,
Die Apple Watch ist Designobjekt und Technik-Gadget in einem – und wohl das erste Schmuckstück, das sich seinem Träger nur mit dem passenden Buch dazu richtig erschließt.

Das „Apple Watch Buch" übernimmt diese Funktion. Die folgenden Kapitel führen Sie auf unterhaltsame und verständliche Weise in die Nutzung des Geräts ein und sparen dabei nicht mit wertvollen Tipps. Wie richten Sie die Apple Watch ein, welche Anwendungen gibt es dafür, wie hilft Ihnen die Apple Watch im Alltag?

Spannend ist das Apple Watch Buch aber auch für Interessenten, die die Smartwatch noch nicht in der Hand halten. Wofür eignet sich die Apple Watch, und wofür ist die Uhr nicht geeignet? Das vorliegende Buch zeigt alle Vorteile und Funktionen, verschweigt aber auch die Nachteile nicht.

Ansonsten wünsche ich Ihnen nun viel Spaß beim Lesen – und spannende Stunden beim Entdecken Ihrer neuen Apple Watch. Wenn Sie Fragen oder Probleme haben, wenden Sie sich gern an mich, am besten per E-Mail über matting@matting.de.

Ihr Matthias Matting

Vor dem Kauf

Sie halten Ihre Apple Watch noch gar nicht in der Hand? Sie überlegen vielleicht noch, ob Sie die (mindestens) 400 Euro ausgeben sollen? In diesem Kapitel erfahren Sie, was für die Apple Watch spricht – und welche Gründe sich dagegen anführen lassen.

Die Hardware

Auch wenn die lange Liste der verschiedenen Modelle anderes suggeriert: Es gibt im Grunde nur eine Apple Watch. Die Innereien aller Modelle sind technisch identisch. Unterschiede gibt es allenfalls in den zur Herstellung verwendeten Materialien. Das hat den Vorteil, dass jede für die Apple Watch entwickelte App auch garantiert damit funktioniert.

Was steckt also drin? Das Herz der Uhr ist der S1-Prozessor, der verschiedene Komponenten in sich vereint. Zur Kommunikation mit der Außenwelt dienen Bluetooth 4.0, WLAN (b-/g- und n-Standard) sowie NFC (zur Bezahlung mit Apple Pay, erst ab 2016 in Deutschland). An der Unterseite befindet sich ein Sensor, der Ihren Herzschlag misst. Außerdem registriert die Uhr Beschleunigungen.

Der Bildschirm ist klein - wie klein, das hängt davon ab, welches Modell Sie wählen. An dieser Stelle treffen Sie auf die einzigen technischen Differenzen. Die 38-Millimeter-Modelle besitzen nämlich ein 1,5-Zoll-Display, während die etwas größeren 42-Millimeter-Modelle über ein 1,65-Zoll-Display verfügen. Der Unterschied ist minimal, wirkt sich aber noch auf zwei andere Punkte aus: Zum einen folgen daraus verschiedene Auflösungen (272×340 Pixel versus 312×390 Pixel), zum anderen passt in das etwas größere Gehäuse auch ein etwas größerer Akku, sodass das 42-Millimeter-Modell eine leicht verbesserte Akkulaufzeit aufweist (trotzdem muss die Apple Watch jeden Tag zum Auftanken ans Netz).

Das Gehäuse der Apple Watch besteht je nach Modell aus Aluminium, Edelstahl oder Gold. Die Verarbeitung ist in jedem Fall perfekt; Sie werden keine Schwachstelle finden. Die Uhr ist wasserfest, aber nicht wasserdicht. Das heißt, ein Regenguss macht ihr nichts aus – zum Duschen oder Schwimmen sollten Sie sie aber abnehmen. Das sagt jedenfalls Apple. Tatsächlich gibt es erste Tester, die mit ihrer Watch im Pool schwimmen waren – und trotzdem funktionierte sie danach noch. Aber falls doch etwas schief geht, brauchen Sie Apples Garantie gar nicht zu testen …

Den Bildschirm schützt beim Sportmodell dieselbe Glassorte, die in vielen Smartphones Verwendung findet. Apple nennt sie Ion-X-Glas. Chemisch handelt es sich um ein mit Aluminiumoxid versetztes Glas, das etwa neun Mal mehr Druck aushält als herkömmliches

Glas. Vermarktet wird es unter anderem als Gorilla-Glas. Bei den teureren Varianten hingegen hat sich Apple für Saphir-Glas entschieden. Saphirglas ist eigentlich gar kein Glas, das heißt, es besitzt keine amorphe, sondern kristalline Struktur (dieselbe wie die Schmucksteine Saphir oder Rubin). Hergestellt wird es aus hochreinem Aluminiumoxid. Sein Vorteil ist die hohe Kratzfestigkeit, es ist nach Diamant das zweithärteste durchsichtige Material. Allerdings ist es druckanfälliger: Wenn Sie Ihre Uhr fallen lassen, und diese trifft mit dem Bildschirm auf den harten Boden, werden die teureren Modelle eher leiden als die Sport-Watch.

In alle Modelle sind acht Gigabyte Speicher eingebaut. Das klingt nach wenig - und ist tatsächlich noch viel weniger, denn von den acht Gigabyte sind nur zwei für Musik nutzbar und 0,075 (75 Megabyte) für Fotos. Den Rest der Inhalte muss die Uhr per Funk von Ihrem iPhone beziehen.

Bedient wird die Apple Watch über den Bildschirm sowie über die „Digital Crown“, mit der Apple seine eigene Version der typischen Armbanduhren-Krone vorstellt. Dabei löst ein Drücken der Krone andere Aktionen aus als das Drehen am Rädchen. Ein zusätzlicher Knopf dient zum Beispiel bei der Kamera-Fernsteuerung als Auslöser. Anders als das Touch-Display eines Smartphones kann der Bildschirm der Watch außerdem zwischen leichtem Antippen und festem Druck unterscheiden.

Die Software

Das Betriebssystem der Watch heißt schlicht Watch OS. Es hat viele Gemeinsamkeiten mit iOS 8, dem System der iPhones und iPads. Der Homescreen von iOS, das Springboard, wurde allerdings durch das so genannte Karussell ersetzt. Ein Blick darauf erklärt die Herkunft des Namens.

Eigene Programme (Apps), die nur auf der Apple Watch laufen, gibt es derzeit allerdings noch nicht. Die Watch-Apps sind stets Erweiterungen einer iPhone-App. Ohne verbundenes iPhone ist die Apple Watch damit nur noch eine

Uhr, keine Smart Watch. Später will Apple diese Einschränkung wohl aufheben (die für Apples eigene Apps natürlich nicht gilt). Praktisch heißt das, dass Sie derzeit immer eine iPhone-App auf Ihrem iPhone installieren müssen, wenn Sie eine neue Anwendung für die Watch haben möchten.

Das System

Als Apple-Kunde, ganz egal, welche konkrete Hardware Sie sich wünschen, kaufen Sie sich stets in ein komplettes System ein, bei dem jeder Teil mit jedem anderen sehr gut zusammenarbeitet. Schluss mit den Inkompatibilitäten, die Sie von Windows kennen!

Dabei lässt sich jedoch nicht bestreiten, dass im Vergleich zu Konkurrenzprodukten bei Apple stets ein bisschen mehr kassiert wird. Sie brauchen Kabel mit Apple-Steckern und kaufen in Apple-Stores für Musik, Filme, Apps und eBooks ein.

Wenn Sie irgendwann wechseln wollen, erschwert das den Umstieg. Mindestens Ihre Investitionen in Apps gehen verloren. Für alles andere gibt es inzwischen aber Werkzeuge. Musik ist bei Apple sowieso seit einiger Zeit kopierschutzfrei. Und natürlich können Sie nicht einfach nur eines Ihrer Geräte verkaufen: Ohne iPhone wird Ihre Apple Watch nicht mehr

funktionieren. Immerhin arbeitet das iPhone auch gut mit Windows-Computern zusammen.

Welches Modell?

Apple verkauft Ihnen zu fast jedem Preis eine Apple Watch. Einsteigen können Sie mit der

Watch Sport ab 400 Euro. Sie besitzt ein Plastikarmband („Fluor-Elastomer“ klingt natürlich besser), ihr Gehäuse besteht aus Aluminium, das in poppigen Farben gestaltet ist (weiß, blau, grün, pink und schwarz).

Die elegantere Alternative dazu heißt einfach nur Watch. Für ihr Edelstahlgehäuse müssen Sie gleich einmal 250 Euro drauflegen - und dafür gibt es dann dasselbe Plastik-Armband wie bei der Sport-Variante. Soll es ein klassisches Lederarmband sein, müssen Sie schon 750 Euro ausgeben (für das 38-Millimeter-Modell). Das „moderne" Lederarmband ist (samt Uhr) ab 850 Euro zu haben. Der nächste Preis-Sprung erfolgt auf das Edelstahl-Gliederarmband (1100 Euro bzw. in „Space Black" auch 1200 Euro, alle Preise für das kleinere Modell).

Das ist Ihnen immer noch zu billig? Dann ist die „Watch Edition" für Sie gedacht. Mit 18 Karat Roségold und Plastikarmband kommen Sie auf den Preis eines Kleinwagens (11.000 Euro), mit Lederarmband und 18 Karat Gelbgold darf es dann schon Golfklasse sein (16.000 Euro). Da schmerzt der Aufpreis zum „modernen Lederarmband" schon gar nicht mehr - diese Variante ist dann für 18.000 Euro zu haben.

Was Sie sonst noch brauchen

Das wichtigste Zubehör für eine Apple Watch ist ein iPhone. Ohne iPhone können Sie die Uhr nicht in Betrieb nehmen. Unterstützt werden die Modelle 5, 5c, 5s, 6 oder 6 Plus. Vor der Installation der Watch müssen diese auf iOS Version 8.3 aktualisiert werden.

Obwohl iPads ja im Grunde überdimensionale iPhones sind, ist es leider nicht möglich, das Apple-Tablet mit einer Watch zu verknüpfen. Vielleicht lockert Apple auch diese Einschränkung in Zukunft.

Sie können jede Apple Watch nur mit einem einzigen iPhone verbinden. Natürlich können Sie die Verknüpfung rückgängig machen, aber das ist so aufwändig, dass Sie das sicher nicht täglich über sich bringen. Jedes iPhone kann auch nur mit einer Apple Watch gleichzeitig gekoppelt sein. Falls Sie mehrere Apple-Uhren kaufen wollen, können Sie diese allerdings alle auf dasselbe iPhone eintragen und dann bei Bedarf wechseln. Das ergibt aus Apples Sicht Sinn, denn eine Watch ist ja auch ein Schmuckstück, und zum Anzug werden Sie ja wohl nicht Ihre Watch mit buntem Sportarmband tragen! Der Wechsel zwischen zwei Uhren dauert nicht lange.

Ein Netzteil samt drahtlosem Ladegerät hat Apple der Watch schon in die Packung gelegt. Wo Sie sich kreativ austoben können (und sollen): bei den Armbändern (ab 20 Euro), die leicht zu wechseln sind. Hier wird es sicher in kürzester Zeit zu einem großen Angebot von Marken- und Noname-Herstellern kommen. Dabei sollten Sie nur darauf achten, dass Sie das Armband für die richtige Watch-Größe kaufen. Noch mehr Auswahl an Armbändern haben Sie mit dem so genannten „Watchapter“, einer Halterung, die jedes normale Uhren-Armband zur Apple Watch kompatibel macht (20 Euro).

Ebenfalls im Angebot sind Display-Schutzfolien (aus Plastik, ab etwa 5 Euro) oder -Abdeckungen (aus Glas, ab etwa 10 Euro), die Kratzer an dem teuren Stück verhindern sollen. Schutzhüllen (ab 10 Euro) decken die edlen Teile rundum ab. In einem Uhren-Ständer (ab 10 Euro) ist die Watch gut aufgeräumt, wenn Sie sie gerade nicht tragen.

Der Display-Schutz ist bei der Sportvariante übrigens wichtiger als bei den teureren Modellen mit Saphir-Glas-Front, denn ihre

Frontscheibe besteht aus weicherem Ion-X-Glas. Beim Gehäuse liegen die Verhältnisse anders: Auf Edelstahl fallen Kratzer schneller auf als auf der Aluminium-Umhüllung der Sport-Watch.

Auf ein besonders wichtiges Zubehörteil möchte ich Sie zum Abschluss noch hinweisen: Wenn Sie zu den Käufern der „Watch Edition" gehören, dann sollten Sie Ihre fünfstellig teure Uhr nicht einfach auf dem Nachttisch liegen lassen. Sie brauchen einen Tresor. Speziell für die Apple Watch gibt es praktischerweise den „Colosimo"-Tischtresor von Döttling (http://www.arktis.de/doettling-colosimo-apple-watch-edition-tischtresor/). Kostenpunkt: schlappe 11.900 Euro.

Die Alternativen

Apple ist nicht der Erfinder der Smartwatch - die Firma ist sogar ganz schön spät dran. Wer erinnert sich noch an die Taschenrechner-Armbanduhren von Casio aus den 1980-

ern? Anfang der 2000-er versuchte unter anderem Microsoft („SPOT-Watch"), das Konzept der schlauen Uhr populär zu machen.

Die wichtigsten Konkurrenten der Apple Watch kommen heute von Google, Samsung, chinesischen Noname-Herstellern und einer innovativen Marke namens Pebble. Hier die Smartwatch-Systeme im Überblick:

- Android Wear: Google hat sein Android-System ähnlich auf Uhren-Hardware übertragen wie Apple iOS ins Watch OS. Smarte Uhren mit Android Wear gibt es unter anderem von LG, Samsung, Asus und Motorola. Sie funktionieren in vieler Hinsicht ähnlich wie die Apple Watch, sind also ohne mitgeführtes Handy ziemlich dumm. Allerdings sind sie auch für andere Systeme offen. Auch für das iPhone arbeitet Google an einer Android-Wear-App, zudem ist es mit Drittherstellerhilfe heute schon möglich, eine Android-Wear-Uhr mit dem iPhone zu verheiraten.
- Samsung Gear S: Samsung, Apple größter Hardware-Konkurrent, setzt gleich

auf mehrere Pferde. Man unterstützt Android Wear, hat aber auch separate, auf dem eigenen System Tizen beruhende Modelle (Gear S) im Angebot. Die Gear S ist deutlich unabhängiger vom Handy als die Apple Watch. Sie besitzt sogar eine eigene SIM-Karte zum Telefonieren. Ganz ohne Smartphone kommt man aber trotzdem nicht aus. Außerdem macht es Samsung Besitzern konkurrierender Marken schwer. Das App-Angebot ist hier derzeit noch dunn.

- Pebble: Die Besonderheit der Pebble-Smartwatch ist ihr Bildschirm, der mit eInk-Technik arbeitet und dadurch weniger Strom verbraucht. Die Uhr gibt es in verschiedenen Modellen, die alle sowohl mit Android als auch mit iOS zusammenarbeiten. Es gibt bereits ein recht großes App-Angebot und eine Unzahl an Zifferblättern.
- Noname-Smartwatches: Chinesische Hardware-Hersteller liefern schon für zweistellige Beträge Mini-Computer, die

man sich um das Armgelenk schnallen kann. Oft braucht man kein Handy dazu. Die Geräte leisten, was sie sollen, sind aber oft nicht besonders gut verarbeitet und nicht sonderlich benutzerfreundlich.

Wenn Sie bereits ein iPhone besitzen, kommen vor allem Pebble und (demnächst) Android Wear in Frage – wobei die innovative Pebble mein Favorit wäre. Hier müssen Sie genau prüfen, inwieweit die vorhandenen Modelle auch ihre ästhetischen Ansprüche erfüllen.

Die Apple Watch einrichten

Glückwunsch – Sie haben sich also tatsächlich entschieden, eine Apple Watch zu kaufen, und die Lieferung ist nun endlich bei Ihnen angekommen? Dann haben Sie heute noch ein klitzekleines Abenteuer vor. Apple hat sich zwar alle Mühe gegeben, den Einrichtungsprozess so einfach wie möglich zu gestalten, doch der Teufel steckt wie immer im Detail.

Was in der Packung steckt

Zunächst wünsche ich Ihnen aber viel Spaß beim Auspacken. Apple beschäftigt vermutlich ebenso viele Designer für die Verpackung wie für die Hardware. Was genau Sie geliefert bekommen, hängt von Ihrer Modellvariante ab.

Am einfachsten (aber immer noch beeindruckend) ist die Verpackung der Sport-Version. Sie besteht aus einem länglichen, schön abgerundeten Plastikbehälter, in dem die Uhr weich ruht. Käufer der „unsportlichen" (teureren) Watch-Version erhalten einen eher quadratischen Behälter, in dem es sich die Uhr nicht langgestreckt, sondern aufgerollt bequem gemacht hat. Wer schließlich sein Vermögen in die Watch Edition investiert hat, wird mit einer standesgemäßen, in Leder eingeschlagenen Schachtel belohnt, in der die teure Uhr natürlich gleich viel besser aussieht.

Beachten Sie übrigens auch die Umverpackung - sie ist stabil und optimal an den Watch-Behälter angepasst. Da klappert nichts. So sieht schon der DHL- oder UPS-Bote, was er da gerade überreicht.

Was könnte klappern, hätte Apple die Verpackung suboptimal gestaltet? Außer der Uhr selbst erhalten Sie Mini-Installationsanleitung in vielen Sprachen, die Ihnen zeigen, wie Sie die Uhr korrekt anlegen, am Handgelenk nämlich. Außerdem liegen ein USB-Netzteil und das Ladegerät in der Schachtel. Das Ladegerät arbeitet kontaktlos, wie Sie das von Ihrer elektrischen Zahnbürste kennen. Die runde Fläche ist bei der billigeren Watch Sport aus Plastik, sonst aus Metall.

Normalerweise sollten Sie parallel auch eine E-Mail erhalten haben, in der Ihnen Apple eine persönliche Einführung in Ihre Uhr verspricht, die per Video erfolgt. Wenn Sie einfach aus Spaß an der Freude diesen Termin wahrnehmen wollen, reservieren Sie sich einen Termin. Die Einrichtung bekommen Sie aber auch selbst hin, mit Hilfe der folgenden Anleitung.

iPhone und Watch verheiraten

Im ersten Schritt der Inbetriebnahme der Uhr kümmern Sie sich noch gar nicht um diese, sondern holen Ihr iPhone hervor und entsperren seinen Bildschirm. Blättern Sie auf die letzte Seite des Homescreens. Sehen Sie dort eine App namens „*Apple Watch*“? Gut, dann läuft Ihr Handy bereits mit dem neuesten iOS.

Wenn nicht, müssen Sie das Gerät zuerst auf iOS 8.3 aktualisieren (Sie haben doch, wie unter „Voraussetzungen“ beschrieben, mindestens ein iPhone 5?). Dazu schließen Sie es am Computer an. Die iTunes-Software startet, erkennt, dass ein neues Software-Update vorliegt, und übernimmt nun die Regie. Dabei wird auch ein Backup des Systems angelegt, für alle Fälle - schadet nie. Alternativ können Sie auch auf dem iPhone selbst die „*Einstellungen*“-App aufrufen und dort unter „*Allgemein*“ → „*Softwareaktualisierung*“ die neue Version abrufen. Ob hier ebenfalls ein Backup angelegt wird, hängt davon ab, ob Sie Online-Backups aktiviert haben. Dies können Sie jederzeit unter „*iCloud*“ → „*Backup*“ nachholen.

Rechnen Sie, je nach Geschwindigkeit Ihrer Internet-Leitung, mit etwa 20 bis 30 Minuten für die Aktualisierung. Parallel können Sie sich schon einmal mit Ihrer neuen Uhr befassen. Bevor Sie sie mit frischer Energie versorgen, betrachten wir sie erst einmal genau. Halten

Sie sie dazu so vor sich, dass die Krone nach rechts zeigt. Diese Krone, die Apple als Funktionselement bei mechanischen Armbanduhren ausgeliehen hat, ist eines der wichtigsten Bedienelemente der Watch. Doch sie ist nicht das einzige – die Apple Watch lässt sich steuern über:

- Krone („digital crown“)
- Knopf (direkt unter der Krone, die Watch hat nur einen Knopf, also nenne ich ihn im folgenden auch stets so)
- Bildschirm (dieser kann Tippen und längeres Drücken unterscheiden)
- Bewegungen (wenn Sie den Arm drehen, wird zum Beispiel der Bildschirm an- und ausgeschaltet)
- Stimme (die nette Siri, die Sie schon vom iPhone kennen)

Jetzt drehen Sie die Uhr einmal um, sodass Sie ihre Rückseite betrachten können. Das runde, vieräugige Element in der Mitte ist ein Sensor, der Ihren Herzschlag misst, und das sogar ziemlich akkurat, wie Messungen ergeben haben.

Offenbar kann er sogar den Sauerstoffgehalt im Blut feststellen – diese Angabe wird derzeit allerdings nicht ausgewertet. Bei der Sport-Watch ist der Sensor mit Plastik geschützt, bei den teureren Modellen mit Saphirglas.

Ober- und unterhalb des Sensors sehen Sie rechteckige Einbuchtungen. Wenn Sie diese eindrücken, können Sie das Armband Ihrer Watch austauschen. Drücken Sie den Knopf nach unten und ziehen Sie das Armband heraus – ohne dabei Gewalt anzuwenden. Gliederarmbänder müssen Sie zunächst an einem der Glieder in zwei Teile zerlegen.

Die beiden Schlitze an der rechten Seite oben gehören dem Lautsprecher. Das winzige Loch darunter ist das Mikrofon.

Doch nun wird es allmählich spannend. Verbinden Sie den USB-Stecker am Ende des Ladegeräts mit der USB-Buchse des Netzteils und stecken Sie das Netzteil in eine Steckdose. Dann platzieren Sie die Apple Watch mit der Unterseite auf der Ladeschale. Diese ist magnetisch, sodass die Uhr dann von selbst an den richtigen Platz rutscht.

Falls die Uhr nun Strom bekommt (haben Sie den Schalter an Ihrer Dreifachsteckdose eingeschaltet?) ist das für sie (und für Sie) das Startzeichen. Ihr Leben mit der Apple Watch beginnt jetzt! Damit Sie beide Freunde werden können, müssen Sie zuerst eine Kommunikationsbasis schaffen, also die Sprache einstellen. In der Regel wird das „Deutsch“ sein.

Danach erscheint auf dem Display der Watch eine sich bewegende Wolke, die mich an das Universum kurz nach dem Urknall erinnert (ich bin Physiker, Sie denken vermutlich an irgend etwas anderes). Ihre Aufgabe besteht nun darin, das iPhone zu zücken und die App „Apple Watch“ zu starten. Danach tippen Sie auf „Koppeln starten“. Dies aktiviert die Kamera Ihres Handys, und damit zielen Sie nun auf die Wolke. Diese muss ganz im Bild sein.

Offenbar verstecken sich in der Grafik alle Informationen, die das iPhone braucht, um die Verbindung zur Watch aufzunehmen, denn ein paar Sekunden später erhalten Sie die Meldung „Ihre Apple Watch ist gekoppelt“. Das Display der Uhr sollte nun das Apfel-Logo, Modell und

Seriennummer anzeigen.

Ganz fertig sind Sie damit aber noch nicht. Tippen Sie in der Watch-App auf „Apple Watch konfigurieren“. Das Programm fragt, an welchem Handgelenk Sie die Uhr tragen und auf welcher Seite sich die Krone befinden soll. Probieren Sie ruhig aus, wie es für Sie am bequemsten ist! Tipp: Wenn Sie die Uhr rechts tragen, bedienen Sie sie mit der linken Hand. Wenn die Krone innen ist, werden Sie sie mit dem Daumen drücken, sitzt sie außen, ist eher der Zeigefinger zuständig (was mir besser gefällt). Sie können die Einstellung aber auch später jederzeit ändern. Die Watch muss nur die Bildschirm-Ausrichtung entsprechend anpassen.

Ganz ohne Verträge kann Apple nicht: Im nächsten Schritt müssen Sie die Nutzungsbedingungen akzeptieren. Dabei haben Sie keine echte Wahl, wenn Sie die Watch nicht wieder verkaufen wollen.

Es folgt die Eingabe der Apple-ID. Da Sie bereits ein iPhone besitzen, müssen Sie auch schon eine Apple-ID eingerichtet haben. Dabei handelt es sich um den Account, unter dem Sie zum Beispiel in iTunes Apps oder Musik kaufen. Auf dem iPhone können Sie unter „*Einstellungen*“ → „*iTunes & App Store*“ nachsehen, wie Ihre Apple-ID lautet.

Wenn ID und Passwort stimmen, folgt im nächsten Schritt die Information, dass auf Ihrem iPhone Ortungsdienste aktiv sind (wenn das der Fall ist). Deaktivieren lassen sich diese ebendort unter „*Einstellungen*“ → „*Datenschutz*“ → „*Ortungsdienste*“. Die Apple Watch besitzt selbst kein GPS-Modul, ist für die Ortung also auf Angaben Ihres iPhones angewiesen.

Ähnlich verfährt die Watch bei Siri. Ist der Sprachassistent auf dem iPhone aktiv, gilt das auch für die Watch. Die Uhr fungiert dabei als erweitertes Mikrofon. Siri kann dasselbe wie auf dem Smartphone - aber sie spricht nicht. Stattdessen gibt sie ihre Antworten per Textnachricht aus. Deaktivieren können Sie Siri auf dem iPhone unter „*Einstellungen*“ → „*Allgemein*“ → „*Siri*“.

Es geht weiter mit den „Diagnoseinformationen“. Hier dürfen Sie ausnahmsweise tätig werden. Soll Ihre Watch nach Hause telefonieren dürfen, wenn es ihr schlecht geht? Einen konkreten Nutzen sollten Sie sich davon nicht versprechen, Apple geht es eher darum, allgemeine Muster zu erkennen. Der maximale Schaden könnte darin bestehen, dass Informationen über Ihr Watch-Nutzungsverhalten auf Apple-Servern liegen.

Je nachdem, wieviel Geld Sie für Ihre Apple Watch ausgegeben haben, folgt nun ein besonders wichtiger Punkt: die Codeeingabe. Am wenigsten lästig verhält sich die Watch, wenn Sie ganz unten auf „Code nicht hinzufügen“

tippen. Damit können Sie die Watch immer und überall verwenden, ohne etwas eintippen zu müssen. Das gilt aber auch für jeden anderen Menschen. Ein Code verhindert das. Er wird abgefragt, sobald Sie die Uhr nicht mehr am Handgelenk tragen. Über „Langen Code eingeben“ haben Sie die Möglichkeit, auch mehr als vierstellige Kombinationen einzugeben.

Etwas mehr Bequemlichkeit verspricht die darauf folgende Option: Sie können die Watch gemeinsam mit dem iPhone entsperren. Das heißt, Sie brauchen dann nicht auf beiden Geräten einen Code einzugeben. Auf neueren iPhones reicht dann ja sogar Ihr Fingerabdruck. Damit das passiert, müssen Sie die Option direkt auf der Watch bestätigen.

Fast fertig! Im letzten Schritt bietet die Watch-App Ihnen an, alle auf Ihrem iPhone verfügbaren Watch-Apps direkt auf die Watch zu schieben. Sehr bequem! Das einzige Problem: Sie wissen an dieser Stelle vermutlich noch gar nicht, welche Watch-Apps sich auf Ihrem iPhone befinden. Denn es gibt überhaupt keine eigenständigen Apps für die Uhr.

Watch-Apps sind stets Erweiterungen einer iPhone-App. Ob eine bestimmte iPhone-App auch auf der Watch funktioniert, sehen Sie nur im Appstore. Also bleibt Ihnen an dieser Stelle nichts anderes übrig als sich überraschen zu lassen. Viel Spaß dabei!

Je nachdem, wie viele Apps auf die Watch zu kopieren sind, dauert der Prozess nun unterschiedlich lange. Auf der Uhr selbst zählt währenddessen ein kreisförmiger Counter herunter. Ihr iPhone dürfen Sie dabei schon wieder anderweitig nutzen.

Die Grundlagen

Willkommen – die Kopplung von iPhone und Apple Watch haben Sie offenbar erfolgreich gemeistert. Sie haben sicher auch schon festgestellt, dass die Uhr, die sich nun um Ihr Handgelenk schmiegt, keine ganz normale Uhr ist. Und auch mit dem iPhone ist sie zwar verwandt, wirkt dabei aber oft wie eine etwas zickige Tante (die, die Sie als Kind heimlich wegen Ihres eigenen Kopfes und ihrer mal mutigen, mal verrückten Entscheidungen bewundert haben).

Der Grund dafür ist simpel: Apple musste das Bedienkonzept von iOS für die Watch anpassen. Was auf einem großen Bildschirm perfekt läuft, muss auf dem Mini-Display lange nicht funktionieren. Sie werden später bei manchen Apps sehen, dass nicht alle Entwickler dafür schon das richtige Gefühl entwickelt haben.

Grundlagen der Bedienung

Legen Sie Ihre neue Uhr nun so vor sich hin, dass Sie die Schrift lesen können. Wo sich die Krone dann befindet, hängt von Ihren Einstellungen bezüglich Handgelenk und Seite ab.

Falls der Bildschirm nun schwarz ist, tippen Sie entweder auf den Bildschirm oder drücken die Krone. Danach sollte ein Zifferblatt zu sehen sein, das Apple „modular" genannt hat. Darum kümmern wir uns gleich. Zunächst schalten Sie die Watch einmal aus und ein. Dabei hilft der Knopf an der Seite, auch Seitenknopf genannt. Drücken Sie länger darauf, erscheinen zwei Felder: „Ausschalten" und „Gangreserve" (oder zusätzlich „Manuelles Sperren", falls diese Option in den Einstellungen aktiv ist). „Ausschalten" nach rechts zu schieben deaktiviert die Uhr komplett. Im Modus „Gangreserve" zeigt die Uhr nur noch die aktuelle Uhrzeit in schlichten Ziffern an – dieser Modus ist für den Fall gedacht, dass der Akku zur Neige geht, Sie aber nicht auf die Zeitanzeige verzichten wollen. Auch zum Einschalten der Uhr drücken Sie den Knopf ein Weilchen. Der Startvorgang dauert ein paar Sekunden.

Drücken Sie nun bei sichtbarem Zifferblatt die Krone erneut. Es erscheint eine Übersicht aller Apps, das Karussell. Mit dem Finger auf dem Bildschirm können Sie die Übersicht verschieben. Zum Zoomen mit der typischen Spreizgeste, die Sie vom iPhone kennen, ist das Display zu klein. Aber drehen Sie mal an der Krone! Drehen Sie linksherum, verkleinert sich die Darstellung, rechtsherum vergrößert sie sich. Wenn Sie lange genug am Rädchen kurbeln, öffnet sich sogar ganz fließend die App, die sich gerade in der Mitte des Bildschirms befindet. Auch innerhalb der Apps bewirkt ein Drehen an der Krone in der Regel etwas, zum Beispiel eine Veränderung der Lautstärke.

Wenn Sie eine beliebige App aus dem Karussell starten wollen, sind Sie allerdings mit dem Finger schneller. Tippen Sie einfach auf

das App-Symbol. Wenn Sie den Finger länger auf das App-Symbol halten und nicht loslassen, können Sie das Icon frei auf dem Bildschirm verschieben. Das kann praktisch sein, um etwa Ihre Lieblingsapp in die Mitte zu positionieren. Dadurch können Sie sie stets per Zoom an der Krone starten. Manch Nutzer versucht auch, auf diese Weise die App-Anordnung kreativ zu gestalten.

Die Zifferblätter

Das wichtigste Element einer Uhr ist zweifellos ihr Zifferblatt. Es wirkt zwar seltsam, aber Sie werden bald merken, dass das Ablesen der

Uhrzeit tatsächlich eine der meistgenutzten Funktionen der Apple Watch ist. „Zurück in die Vergangenheit“ ist hier das Motto: Nachdem viele Menschen inzwischen die Uhrzeit durch Herasnesteln des Handys aus der Hosentasche in Erfahrung bringen, bietet die Watch hier eine willkommene Abkürzung (über die ältere Nutzer vielleicht lächeln werden, die mit „Quartzuhren“ aufgewachsen sind).

Umso mehr verwundert es, dass Apple ausgerechnet bei den Zifferblättern vergleichsweise wenig Auswahl bietet. Während für Android Wear oder Pebble Hunderte Varianten bereitstehen, sind es beim Apple-Produkt genau zehn.

Wenn Ihnen das Standard-Zifferblatt nicht gefällt, tippen Sie einfach länger darauf, bis ein Rahmen darum entsteht. Nun können Sie nach links und rechts zu anderen Zifferblättern wischen. Die meisten Zifferblätter lassen sich zusätzlich anpassen – die Schaltfläche dafür erkennen sie an ihrem Namen. Beachten Sie, dass es beim Anpassen oft mehr Optionen gibt, als auf dem Bildschirm Platz finden.

Wischen Sie dann nach rechts oder links, um weitere Optionen anzupassen.

Diese Zifferblätter bietet Apple derzeit an:

Name	Bild	Details und Anpassung
Utility		Typischer Armbanduhren-Stil. Vier frei belegbare Felder via „Anpassen“, Detailgrad des Zifferblattes und Farben einstellbar.
Modular		Typischer Info-Screen. Fünf frei belegbare Informationsfelder, auch die Farbe ist anpassbar.
Schlicht		Schlichte Uhr – aber mit drei Einstell-Seiten: Angezeigte Details, Farben, frei belegbare Infofelder.
Bewegung		Auf dem Bildschirm bewegen sich eine Blume, ein Schmetterling oder eine Qualle. Einstellbar ist außerdem das Datumsformat.
Astronomie		Zeigt Tagesverlauf auf Erde und Mond sowie Rotation des Sonnensystems. Keine Einstellungen.

Farbe		Zeitdarstellung durch Farbverlauf. Einstellbar sind Farben sowie fünf belegbare Felder (Monogramm, Mondphasen...)
Solar	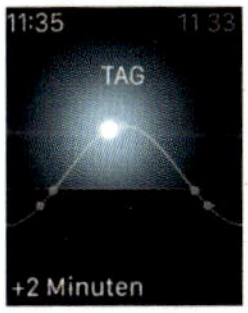	Der Gang der Sonne. Durch Drehen der Krone können Sie Sonnenaufgang etc. anzeigen lassen. Nicht anpassbar.
Chronograf		Einer Armbanduhr nachempfunden – inklusive Stoppuhr. Anpassbar sind Skala der Stoppuhr, Farben sowie vier Felder, die mit Informationen wie Mondphase, Wetter, Weltzeit o. ä. belegbar sind.
X-Large		Besonders große Ziffern. Anpassen dürfen Sie die Farben.
Mickey		Drei frei belegbare Felder – und dazu eine Mickey Maus, die mit dem Fuß wackelt und mit den Händen die Zeit anzeigt.
Neu		Hier können Sie eigene Zifferblätter hinzufügen – die allerdings lediglich Anpassungen der existierenden neun sein dürfen.

Mitteilungen und Checks

Apple hat die Watch als Anti-Herausnestel-Gerät konzipiert. Sie soll Ihnen immer dann das Herausholen des iPhones ersparen, wenn es nur um kurze, höchstens zehn Sekunden lange Interaktionen geht. Ist die Mail angekommen, auf die Sie warten? Wer hat da gerade eine SMS geschickt? Und natürlich: wie spät ist es? Solche Fragen soll die Uhr schneller beantworten als ein Blick auf das Handy. Die wichtigsten Hilfsmittel dazu heißen „Mitteilungen" und „Checks".

Mitteilungen kennen Sie im Grunde schon vom iPhone: Es handelt sich um kurze Informationen, die Ihnen von Apps ins Mitteilungszentrum geschickt werden, etwa die Betreffzeilen neuer Mails oder auch Erinnerungen des Kalenders. Die Apple Watch zeigt Mitteilungen sinnvollerweise nur dann an, wenn Sie gerade Ihr iPhone nicht benutzen (denn dann sehen Sie sie ja auf dem iPhone).

Falls Ihre Watch gesperrt ist (also per Code, weil sie irgendwo herumliegt), landen die Mitteilungen im Speicher. Dass Sie eine derartige

Mitteilung verpasst haben, erkennen Sie an einem roten Punkt am oberen Bildschirmrand. Ziehen Sie dann den Bildschirm mit dem Finger nach unten.

Wenn Ihre Apple Watch nicht gesperrt ist (also an Ihrem Handgelenk sitzt), gibt sie einen Ton und eine Vibration von sich. Sobald Sie dann auf den Bildschirm blicken, sehen Sie die Nachricht. Je nach App können Sie gleich reagieren (etwa bei SMS, dort dann auf „Antworten“ tippen) oder müssen bei Bedarf dann doch zum iPhone greifen. Einzelne Mitteilungen löschen Sie, indem Sie von rechts nach links löschen. Alle vorhandenen Mitteilungen auf einmal löscht ein langer Druck auf das Display.

Checks funktionieren etwas anders. Ziehen Sie am besten einfach den unteren Bildschirmrand mit dem Finger nach oben, dann können Sie sich den Inhalt der Checks besser vorstellen. Streichen Sie doch mal von links nach rechts und zurück durch die Auswahl.

Checks zeigen in der Regel einen von einer bestimmten App (Telefon, Hetzschlag, Akkulaufzeit, Kalender, Aktienkurse, Standort...) ermittelten Zustand. Sie sehen also das aktuelle Wetter, den jetzigen Kursverlauf, die gegenwärtige Akkureserve. Checks ersetzen die Apps nicht (sie werden sogar von den Apps bereitgestellt), ermöglichen aber eine flotte Übersicht, was gerade aktuell ist. Übrigens sind maximal 20 Checks auf einer Uhr möglich. Wenn Sie mehr Apps mit Checks besitzen, müssen Sie also aussieben.

So weit die Einführung in Checks und Mitteilungen. Welche Apps auf diese Weise Informationen an Ihre Watch schicken dürfen, können Sie im Einstellmenü sehr fein justieren – das ist Thema des nächsten Abschnitts.

Das Einstellungs-Menü

Die Apple Watch lässt sich in vielerlei Hinsicht an Ihre persönlichen Bedürfnisse anpassen. Dabei haben Sie bei den allermeisten Optionen die Wahl, ob Sie die Einstellung mit dem iPhone („Apple Watch"-App) oder an der Uhr selbst vornehmen wollen. In der folgenden Beschreibung werde ich deshalb alle Menüs auflisten – und nur dann den Ort der Änderung ergänzen (Uhr / iPhone), wenn etwas wirklich nur dort einstellbar ist.

Auf der Uhr erreichen Sie die Einstellungen mit dem Zahnrad, auf dem iPhone wie gesagt in der „Apple Watch"-App. Due Liste der Menüs ist nicht vollständig: Sobald Sie nämlich eine neue App installieren, fügt diese womöglich eigene

Optionen hinzu.

- App-Layout: Positionieren Sie die App-Icons dort, wo Sie sie am bequemsten erreichen. Nur in der App verfügbar – auf der Uhr verschieben Sie einfach die App-Icons mit dem Finger.

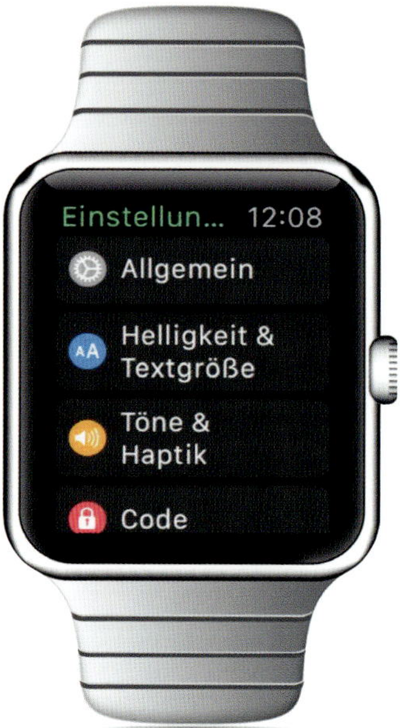

- Uhrzeit: Sie können Ihre Apple Watch bewusst etwas vor-, aber nicht nachgehen lassen. So haben Sie immer etwas Puffer, falls Sie chronisch zu spät kommen. Wählen Sie mit dem Drehrad der Krone zwischen +1 und +59 Minuten. Intern läuft die Uhr weiterhin korrekt. (nur in der Watch)
- Flugmodus: Aktiviert den Flugmodus, bei dem alle Funknetze ausgeschaltet sind. In der App können Sie festlegen, ob die Watch hier den Einstellungen des iPhones folgt. Achtung: im Flugmodus gibt

es keine Verbindung zwischen Watch und Handy.

- Apple Watch: Zum Koppeln und Entkoppeln von Uhren (nur in der App, siehe Kapitel „Installation“).
- Mitteilungen: Soll die Watch Ihnen ungelesene Mitteilungen signalisieren – und wie? Dies können Sie hier regulieren, und zwar für jede App einzeln nach Ton / Vibration / Wiederholungen... „Diskrete Mitteilungen“ erscheinen erst dann auf dem Schirm, wenn Sie sie anfordern. (nur in der App)
- Checks: Neue Apps zeigen stets automatisch ihre Checks an. Wenn Sie das nicht wollen, können Sie Checks hier einzeln entfernen. Deaktivierte Checks erscheinen dann unten in der Liste, sodass Sie sie bei Bedarf wieder hinzufügen können. (nur in der App)
- Bluetooth: Verknüpfen Sie weitere Geräte mit Ihrem iPhone-Watch-System, etwa Fitness-Sensoren oder Bluetooth-Kopfhörer.

- Nicht stören: Aktiviert den Nacht-Modus der Apple Watch. Alle Anrufe und Mitteilungen werden stummgeschaltet. Wenn in der App hier „iPhone spiegeln“ aktiv ist, folgt das Verhalten der Watch dem des Handys.
- Allgemein: Ein umfangreiches Menü. Die Uhrausrichtung bestimmt Handgelenk und Position der Krone. „Beim Armheben“ bestimmt, ob die Watch durch Heben des Armes aus dem Schlummer geweckt wird und ob danach das Zifferblatt oder die letzte App aktiv ist. Bedienungshilfen erlauben Nutzern mit Einschränkungen den Umgang mit der Uhr. Sie können sich zum Beispiel Texte vorlesen lassen (Voice-over). Siri (nur in der Uhr) aktiviert den Siri-Weckbefehl „Hey Siri“. Im Menü Apple-ID in der App können Sie die Apple-ID wechseln. „Handoff aktivieren“ ermöglicht, dass Sie auf Watch-Apps begonnene Tätigkeiten auf den entsprechenden iPhone-Apps fortsetzen können (derzeit unterstüt-

zen das nur wenige Apps). Die aktivierte Handgelenkerkennung (nur in der App) ist die Voraussetzung, dass Ihre Watch die Uhrzeit anzeigt beim Armheben oder sich per Code sichert, wenn Sie sie ablegen. Unter Benutzung (nur in der App) sehen Sie, wieviel Speicher auf der Watch noch übrig ist.

- Helligkeit und Textgröße: Die Helligkeit des Watch-Displays lässt sich in drei Stufen einstellen. Bei der Textgröße bietet Apple sechs Stufen – allerdings werden diese nicht von allen Apps unterstützt. „Fetter Text“ sorgt dafür, dass Text fetter dargestellt wird.
- Töne & Haptik: Wie laut sollen die Hinweise auf der Watch erfolgen? Wie stark soll die Uhr dabei vibrieren („Haptik“)? In diesem Menü können Sie die Uhr auch stumm schalten und für einige Hinweise eine „markante Haptik“ aktivieren, also ein deutlicheres Vibrieren. Die Option „Für ‘Ton aus“ abdecken (nur in der App) ist standardmäßig aktiv. Sie erlaubt es,

die Watch bei Bedarf durch Überdecken mit der Hand stummzuschalten.

- Code: Kümmert sich um alle Themen rund um den Code zum Entsperren der Watch (siehe Installation). In der App finden Sie außerdem die interessante Sicherheits-Option „Daten löschen“: Wenn jemand 10 Mal den falschen Code eintippt, werden alle Daten auf der Watch gelöscht.
- Health: Geben Sie der Fitness-App die nötigen Grundangaben (nur in der App).
- Datenschutz: Zur Verwaltung der Datenschutz-Einstellungen für die Fitness-App. Darf die App Herzschlag und Schritte aufzeichnen?

In der Apple-Watch-App finden Sie unter den allgemeinen Einstellungs-Optionen auch noch solche für die einzelnen Apps. Diese sehen wir uns bei der Betrachtung der Apps genauer an.

Telefonieren und texten

Sie können die Apple Watch zwar nicht als eigenständiges Handy benutzen – aber wenn Sie damit ausgerüstet sind, kann das iPhone zum Telefonieren in der Tasche bleiben. Auch der SMS-Versand funktioniert bequem.

Die Watch als Telefon

Das grüne Telefonsymbol befindet sich im Auslieferungszustand oben rechts im Karussell. Einmal darauf tippen, und die Telefon-App öffnet sich. Sie besteht aus vier Menüpunkten. Von oben nach unten sind das: *Favoriten*, *Anrufliste*, *Kontakte* und *Voice-*

mail. Einen Ziffernblock gibt es nicht und damit die erste Einschränkung: Sie können auf diese Weise nur Menschen direkt anrufen, mit denen Sie schon Kontakt hatten.

Starten wir mit einem Anruf. Tippen Sie auf „*Kontakte*" und wählen einen Kontakt aus. Ein Tipp auf den grauen Telefonknopf listet die Rufnummern, tippen Sie auf eine davon, startet der Anruf.

Während des Telefonats haben Sie drei Möglichkeiten:

- Stumm (Mikrofon-Symbol): Schaltet das Mikrofon Ihres Watch aus, falls Sie etwas besprechen wollen, das der Angerufene nicht hören soll.
- Lautstärke-Regler: Gibt den Ton leiser aus.
- Auflegen: Beendet den Anruf.

Falls jemand Ihre Nummer anruft, unterbreitet Ihnen die Watch dieselben Optionen.

Die Anrufliste führt über all Ihre erfolgreichen (schwarz) und verpassten (rot) Telefonate Buch. Wenn eine Nummer bereits in Ihren Kontakten enthalten ist, wird statt der Nummer der Name aufgeführt.

Im Reiter „*Favoriten*" finden Sie einen Schnellzugriff auf Ihre Lieblings-Kontakte. Die Favoriten sehen Sie auch auf dem Homescreen des iPhones, wenn Sie den Homebutton doppelt antippen. Wie bei den Kontakten auch, teilen sich Watch und iPhone hier also die Daten.

Sie wollen eine beliebige Telefonnummer erreichen? Dann hilft Ihnen die Siri-Spracheingabe. Sagen Sie einfach „Hey Siri (kurze Pause) rufe 040 1234567 an"

Einstellmöglichkeiten der Telefon-App

Grundsätzlich können Sie im Einstellungsmenü der Watch-App auf dem iPhone wählen, ob die

Telefon-App in ihren Einstellungen einfach Ihr iPhone spiegelt oder auf eigene Optionen setzt. In letzterem Fall können Sie Hinweise und Klingeltöne getrennt nach Ton und Haptik (Vibration) ein- und ausschalten.

Nachrichten auf der Watch

Die Nachrichten-App ist etwa in der Mitte des Karussells zu finden. Sie kann SMS und iMessage empfangen, aber nur Textnachrichten senden.

Eine neue Nachricht können Sie auf zwei Wegen verfassen: Sie öffnen über die Telefon-App die Kontaktliste und wählen dann statt des Telefon-Icons das SMS-Symbol. Oder Sie öffnen Ihre SMS-Liste und beantworten eine bereits eingetroffene Nachricht.

In beiden Fällen haben Sie keine Tastatur zur Verfügung. Sie können entweder mit Standard-Texten antworten oder aber über das Mikrofon-Symbol einen Text formulieren. Diesen sendet die Watch danach je nach Bedarf als Text oder auch als Sprachnachricht (letzteres nur, falls der Empfänger iMessages erhalten kann, also Apple-Kunde ist).

Beim Lesen von Nachrichten brauchen Sie nur zur Seite zu wischen, um diese auch löschen zu können. Drücken Sie fest auf den Nachrichten-Bildschirm, erscheint die Option, eine neue SMS zu formulieren.

Einstellmöglichkeiten der Nachrichten-App

Grundsätzlich können Sie im Einstellungsmenü der Watch-App auf dem iPhone wählen, ob die Nachrichten-App in ihren Einstellungen einfach Ihr iPhone spiegelt oder auf eigene Optionen setzt. In letzterem Fall können Sie Hinweise und Klingeltöne getrennt nach Ton und Haptik (Vibration) ein- und ausschalten. Soll die Watch Hinweise auch mehrmals anzeigen?

Bezüglich der Audio-Nachrichten dürfen Sie hier ein für allemal entscheiden, ob diese als Textumschrift (Transkript) oder als Audiodatei gesendet werden. Und schließlich dürfen Sie sechs der vorgegebenen Standard-Antworten auch noch durch eigene Versionen ersetzen.

Siri und Spracheingabe

Die Sprachassistentin Siri hat es über das iPhone auch in die Apple Watch geschafft. Wie von Siri gewohnt, liefert sie teilweise humorvolle Antworten – aber nur, wenn Ihr iPhone Netzverbindung hat.

Auf der Watch starten Sie Siri, indem Sie den Startbefehl „Hey Siri" aussprechen oder lange auf die Krone drücken. Danach erscheint ein Aufnahme-Symbol. Wenn Sie nun nichts mehr sagen, fragt Siri per Text „Wie darf ich dir behilflich sein?". Die Interaktion geht dann nur voran, wenn Sie den Mikrofon-Button antippen. Tipp deshalb: Lassen Sie nach dem einleitenden „Hey Siri" gleich Ihr Anliegen hören, also etwa „Hey Siri (kurze Pause) Wie wird das Wetter?"

Grundsätzlich kann Siri Funktionen des iPhone steuern, nach bestimmten Informationen suchen oder bei der Organisation des Alltags helfen. Und schließlich ist Siri auch noch eine humorvolle Gesprächspartnerin für gelangweilte Watch-Besitzer (siehe unten). Im Vergleich zu Siri auf dem iPhone sind die Fähigkeiten der Watch-Siri etwas eingeschränkt. So können Sie ihr zum Beispiel nichts über Ihre Verwandtschaftsbeziehungen beibringen, weil Siri die Kontakte auf der Watch nicht bearbeiten kann, und auch falsch erkannte Wörter lassen sich nicht wie auf dem iPhone korrigieren. Bei manchen Anwendungen steuert Siri iPhone und Watch gemeinsam, etwa bei der Navigation. Bei anderen, etwa der SMS-Funktion, reicht die Uhr völlig.

Schließlich gibt es noch Befehle, die Sie

per Handoff an das iPhone weiterleiten können. In diesem Fall meldet Siri auf der Watch diese Tatsache. Danach erscheint links unten im iPhone-Display ein Symbol, das Sie in die Mitte ziehen müssen – und schon wird Ihre Anfrage verarbeitet.

Siri gibt normalerweise stets Rückmeldung in Textform, was sie verstanden hat. Wenn Ihr Befehl Siris Fähigkeiten überreizt, sucht sie entweder im Web nach dem Problem oder gibt eine mehr oder weniger lustige Antwort.

Vorsicht: wenn Ihnen daran gelegen ist, dass Siri Ihre Aussprache möglichst gut erlernt, sollten Sie auf keinen Fall andere mit ihr herumspielen lassen. Siri wird Ihnen zwar nicht untreu, wird aber von der unterschiedlichen Aussprache verwirrt, was die Worterkennung verschlechtert.

Leider funktioniert Siri nur mit Internet-Verbindung. Im Ausland müssen Sie deshalb meist auf ihre Hilfe verzichten - wenn Sie nicht teure Roaming-Gebühren bezahlen wollen.

Hilfreiche Siri-Dialoge

- Was kann ich dich fragen?
- Wecke mich in x Stunden
- Stelle meinen Wecker auf 6 Uhr 30.
- Öffne Kamera. (auch für andere Apps)
- Nachricht an (Name) Komme gleich.
- Habe ich einen Termin um 14 Uhr?
- Trage einen Termin ein.
- Hat Bayern München gewonnen?
- Regnet es am Sonntag?
- Ich habe mich verletzt.
- Poste auf Twitter (Handoff)
- Neuer Facebook-Status (Handoff)
- Ich würde jetzt gern eine gute Pizza essen.
- Wieviele Einwohner hat Deutschland?
- Suche Fotos von Elefanten.

- Welche Krimis laufen in der Nähe?
- Spiele Depeche Mode.
- Stoppe Musik.
- Emaile meine Mutter.
- Wie heißt dieses Lied? (Song-Erkennung aus dem Radio oder anderen Quellen, Handoff)

Lustige und interessante Siri-Dialoge

- Ich liebe dich!
- Ich will dich heiraten.
- Ich will mit dir schlafen.
- Ich liebe dich.
- Wie sehe ich aus? (mehrmals fragen)
- Was trägst du für eine Kleidung?
- Kannst du mich verstehen?
- Wirst du mich verlassen?
- Du bist doof!
- Du bist dumm!
- Du bist klug!
- Bist du eine Frau oder ein Mann?

- Bist du einsam?
- Wie geht es dir?
- Guten Morgen!
- Gute Nacht!
- Ich bin müde!
- Was ist deine Lieblingsfarbe?
- Was ist dein Lieblingsessen?
- Was ist der Sinn des Lebens? (mehrmals fragen)
- Wer hat dich gemacht?
- Was hast du an?
- Was trägst du drunter?
- Beam me up, Scotty!
- Warum ist die Banane krumm?
- Erzähl mir etwas!
- Erzähl mir einen Witz!
- Erzähl mir eine Geschichte!
- Erzähle mir einen Zungenbrecher!
- Das Leben ist schei…
- Wie alt bist du?
- Test (mehrfach fragen)
- Huhu!
- Mir ist langweilig.
- Du bist toll.

- Du bist klug.
- Wer ist der Schönste im ganzen Land?
- Was sagt der Fuchs?
- Ha!
- Was bedeutet Siri?
- Wie groß bist du?
- Glaubst du an Gott?
- Herzlichen Glückwunsch zum Geburtstag.
- Sag mir was Schmutziges.
- Welches Smartphone ist das beste?
- Bist du ein Mensch?

Sie sehen schon – Siri kennt weitaus mehr lustige als hilfreiche Dialoge...

Die Spracheingabe

Die Spracheingabe nutzt dieselben Server und Technologien wie Siri. Deshalb steht sie auch nur dann zur Verfügung, wenn Siri aktiviert ist und Internet-Verbindung hat. Aufgerufen wird sie, etwa in der SMS-App, über das Mikrofonsymbol.

Beim Diktieren müssen Sie dem Gerät jeweils Zeit genug lassen, Ihre Wörter an den Server zu schicken. Trotzdem funktioniert die Eingabe insgesamt recht flüssig. Leider fehlt ein Korrekturbefehl. Die Spracheingabe kennt aber zahlreiche Befehle für Satzzeichen, Sonderzeichen und Smileys.

Außerdem reagiert sie auf „*Neue Zeile*" und „*Neuer Absatz*". Damit ein ganzes Wort in Großbuchstaben erscheint, benutzen Sie das Schlüsselwort „*Großbuchstaben*", das Sie bei Bedarf mit „Kleinbuchstaben" rückgängig machen können.

Wenn Sie die Tastatur-Sprache umstellen (Weltkugel auf der Tastatur), ändert sich auch die Sprache der Spracheingabe – so können Sie auch in Englisch oder Französisch diktieren.

Römische Zahlen diktieren Sie mit dem Schlüsselbegriff „Römisch", „Römisch 2" etwa wird zu „II". Bei Zeit- und Datumsangaben sprechen Sie die kompletten Zahlen. „Dreiundzwanzigster Achter Sechsundachtzig" wird zu „23. 8. 1986", „Dreiundzwanzigster Achter" aber zu „23. August“. „Neun Uhr Fünfundvierzig“ erscheint im Text als „9:45 Uhr“.

Die wichtigsten Befehle für Satz- und Sonderzeichen:

- Punkt: .
- Auslassungszeichen: ...
- Komma: ,
- Bindestrich: -
- Backslash: \
- Gedankenstrich: –
- Geviertstrich: —
- Pluszeichen: +
- Plus-Minuszeichen: ±
- Minuszeichen: -
- Doppelpunkt: :
- Semikolon: ;
- Fragezeichen: ?
- Anführungszeichen unten: „
- Anführungszeichen oben: „
- Klammer auf: (
- Klammer zu:)
- Eckige Klammer auf: [
- Eckige Klammer zu:]
- Geschweifte Klammer auf: {

- Geschweifte Klammer zu: }
- Apostroph: ´
- trauriges Gesicht
- zwinkerndes Gesicht
- lachendes Gesicht
- Und-Zeichen: &
- Sternchen: *
- Klammeraffe: @
- Dollarzeichen: $
- Eurozeichen: €
- Pfundsymbol: £
- Prozentzeichen: %
- Paragraphzeichen: §
- Tilde: ~
- Nummernzeichen: #

Apple Watch und Ihre Freunde

Eine spezielle Apple-Watch-Besonderheit ist die Freunde-Funktion. Ihre Freunde stehen jederzeit für Sie bereit – Sie brauchen nur den Seitenknopf zu drücken.

Freunde einrichten

Aber zunächst müssen Sie der Watch sagen, wer Ihre Freunde sind. Das erledigen Sie über die Apple-Watch-App am iPhone, und zwar im Bereich Freunde. Sie haben hier zwölf freie Plätze, die Sie aus Ihrer Kontaktliste bestücken dürfen. Das war's – ab sofort sind die Kontakte auch in der Freundesliste aufgeführt.

Aktivitäten mit Freunden

Wenn Sie nun einen Ihrer Freunde kontaktieren wollen, brauchen Sie lediglich die Seitentaste zu drücken und den Freund oder die Freundin auszuwählen. Danach sehen Sie das Porträt des Erwählten und haben drei Möglichkeiten:

- Anrufen (Telefonsymbol, links - dürfte klar sein)

- Digital Touch (Handsymbol, Mitte. Entspricht einer Weiterentwicklung von Facebooks „Anstupsen“. Falls derjenige ebenfalls eine Apple Watch besitzt, können Sie ihm / ihr entweder eine Zeichnung schicken, eine Vibration oder aber auch Ihren Herzschlag)

- SMS (Nachrichtensymbol, rechts – dürfte ebenfalls klar sein)

Das Gegenüber muss Sie dazu nicht in seiner Freundesliste eingetragen haben. Falls Ihnen jemand Digital-Touch-Gesten schickt, von dem Sie sich belästigt fühlen, können Sie die Nummer am iPhone in die Sperrliste aufnehmen.

E-Mail und Kalender

Für die Büroorganisation bietet die Apple Watch ebenfalls Unterstützung – in Form der E-Mail- und Kalenderapps.

Kalender verwalten

Die Kalender-App macht auf den ersten Blick einen sehr simplen Eindruck. Sie verbirgt aber ein paar ihrer Funktionen. So zeigt sie zunächst nur eine Terminliste, durch die Sie mit der Krone scrollen können.

Wenn Sie kräftig auf den Bildschirm tippen, schalten Sie zwischen „Tag“ und „Liste“ um. Wenn Sie auf den Tag oben links tippen,

kommen Sie zur Monatsübersicht.

Aber wie geben Sie einen neuen Termin ein? Ganz einfach: „Hey Siri (Pause) trage einen Termin ein“. Ein Text-Interface würde bei dem kleinen Bildschirm kaum funktionieren ...

Einstellmöglichkeiten der Kalender-App

Grundsätzlich können Sie im Einstellungsmenü der Watch-App auf dem iPhone wählen, ob die Kalender-App in ihren Einstellungen einfach Ihr iPhone spiegelt oder auf eigene Optionen setzt. In letzterem Fall können Sie:

- Hinweise ein- und ausschalten
- Nächste Termine ein- und ausschalten
- Einladungen ein- und ausschalten
- Zusagen / Absagen ein- und ausschalten

- Freigegebene Kalender ein- und ausschalten

E-Mail nutzen

Das E-Mail-Programm sieht der SMS-App sehr ähnlich. Es besitzt aber eine unangenehme Eigenschaft: Zum Antworten brauchen Sie unbedingt Ihr iPhone.

Auf der Watch selbst können Sie also nur eines: die eingetroffene Nachricht lesen. Bei längeren oder HTML-Mails ist der Mini-Bildschirm natürlich suboptimal. Immerhin können Sie mit dem Drehrad der Krone schnell durch den Text scrollen.

Einstellmöglichkeiten der E-Mail-App

Grundsätzlich können Sie im Einstellungsmenü der Watch-App auf dem iPhone wählen, ob die E-Mail-App in ihren Einstellungen einfach Ihr iPhone spiegelt oder auf eigene Optionen setzt.

Navigieren mit der Watch

Die Karten-App war eins der Highlights der letzten iPhone-Generation. Vor allem die schicken 3D-Darstellungen in Großstädten beeindrucken. Natürlich ist die Navigation auf der Apple Watch optisch weit schwächer. Die wichtigsten Funktionen blieben aber erhalten: Sie erfahren, wo Sie sind, und können sich an ein Ziel lotsen lassen.

Wenn Sie die App starten, sehen Sie zunächst nur Ihre aktuelle Umgebung als Karte. Hier können Sie mit dem Drehrad der Krome scrollen.

Tippen Sie kräftig auf das Display, um zwei weitere Optionen anzuzeigen: die Suche und die Kontakte.

Die Suchfunktionen listet zum einen frühere Suchen auf (von Ihrem iPhone), besitzt zum anderen aber auch eine Diktierfunktion. Diese macht auf bequeme Weise jedes Ziel für Sie ausfindig. Das Ergebnis sind zwei Routen samt Zeitangabe: eine zu Fuß, die andere mit dem Auto. Tippen Sie auf die Option, die Ihnen lieber ist, und die Watch beginnt, Sie zu führen.

Alternativ können Sie auch Siri bemühen, um die Navigation zu starten, etwa mit dem Befehl „Hey Siri (Pause) Wo geht es nach München?“

Einstellmöglichkeiten der Karten-App

Das Einstellmenü der Karten-App hat in der „Apple Watch“-App auf dem iPhone nur zwei Optionen:

- In Checks anzeigen: Sollen die Karten auch in den Checks erscheinen?
- Abbiegungshinweise: Wollen Sie darauf aufmerksam gemacht werden, wenn Sie abbiegen müssen?

Die sonstigen Standard-Apps

Auch die anderen von Apple mitgelieferten Anwendungen sind in der Regel im Alltag sehr brauchbar. Sie dienen meist einem einzigen Zweck - aber dafür ersetzen sie oft eigene Geräte.

<table>
<tr><th>App</th><th>Screen</th><th>Beschreibung</th></tr>
<tr><td>Uhr</td><td>
</td><td>Führt Sie zum Zifferblatt (siehe vorn)</td></tr>
<tr><td>Weltzeituhr</td><td>
</td><td>Zeigt für die in der Uhren-App des iPhone eingestellten Städte die aktuelle Uhrzeit an. Tippen Sie auf eine Stadt, um weitere Informationen zu erhalten.</td></tr>
<tr><td>Stoppuhr</td><td>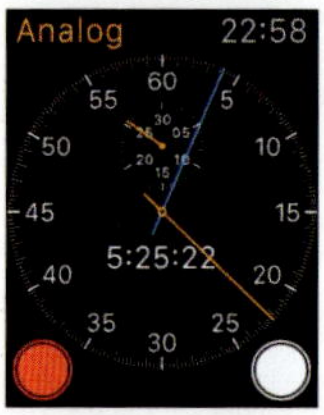
</td><td>Stoppt Gesamtzeiten (roter Knopf) und Rundenzeiten (weißer Knopf). Durch festes Drücken schalten Sie die Darstellung zwischen Analog, Digital, Kurve und Hybrid um.</td></tr>
<tr><td>Timer</td><td>
</td><td>Zählt bis zu 12 Stunden rückwärts.</td></tr>
<tr><td>Wecker</td><td>
</td><td>Drücken Sie kräftig, um eine neue Weckzeit einzugeben. Vorhandene Weckzeiten lassen sich ein- und ausschalten. Der Wecker weckt auch ohne iPhone.</td></tr>
</table>

Aktien

Verbindet sich mit der Aktien-App auf dem iPhone und zeigt die dort angeforderten Kurse.

Wetter

Die Wettervorhersage. Für die nächsten 10 Stunden macht sie detaillierte Vorhersagen (Regenwahrscheinlichkeit, Temperatur, Wolken). Tippen Sie in die Mitte, um die Vorhersage umzuschalten, und wischen Sie nach links oder rechts, um andere Orte aufzurufen.

Passbook

Passbook speichert Kundenkarten, Eintrittskarten, Bordkarten und ähnliches, hat sich bisher bei den Firmen allerdings noch nicht durchgesetzt.

Foto und Musik

Das iPhone wird von seinen Fans gern als Fotokamera und Musikzentrale genutzt – da kann sich die Apple Watch natürlich nicht heraushalten. Gleich drei Apps kümmern sich auf ihr standardmäßig darum.

Die Kamera

Natürlich besitzt die Uhr keine eigene Kamera. Über die Kamera-App lässt sich jedoch die iPhone-Kamera fernsteuern. Dabei sind die Möglichkeiten durchaus eingeschränkt – Sie können:

- Fokussieren (auf den gewünschten Fokus-Bereich tippen)

- Serienbilder schießen (rechter Button)
- Fotografieren (mittlerer Button)
- Ihre Bilder betrachten (linker Button)

Die Galerie

Die Foto-App zeigt eine Auswahl Ihrer iPhone-Fotos auf der Watch. Welche das sind, müssen Sie in der Apple-Watch-App auf dem iPhone festlegen, nämlich über die Option „Synchr. Album“.

Pluspunkt: das funktioniert auch, wenn die Watch keine Verbindung zum iPhone mehr hat. Dafür müssen Sie ihm unter „Fotos-Limit“ eine maximale Menge an Speicherplatz zuweisen (bis zu 75 Megabyte - die reichen für 500 Fotos. Warum? Nun, die Bilder werden in der Mini-Auflösung der Watch gespeichert).

Die Musik-App

Die Musik-App funktioniert, was die Einstellungen betrifft, ähnlich wie die Fotos-App. Das heißt, Sie können eine zu synchronisierende Liste festlegen und ein Speicherplatz-Limit. Das ist allerdings deutlich größer (bis zu 2 Gigabyte), weil Musikdateien deutlich mehr Platz brauchen. Achtung: die Musiklisten werden erst dann wirklich auf die Uhr synchronisiert, wenn Sie die Watch in Ihr Ladenetzteil legen! Außerdem sind sie nur abspielbar, wenn ein Bluetooth-Kopfhörer oder -Headset mit der Watch verknüpft ist.

In der App selbst können Sie durch die Liste scrollen, abspielen und pausieren sowie die Lautstärke verändern. Der Ton kommt dabei stets aus dem iPhone, solange ein iPhone gekoppelt ist, und sonst aus einem Bluetooth-Kopfhörer oder -Lautsprecher. Der Klang des eingebauten Lautsprechers hat den Apple-Ingenieuren wohl nicht gereicht.

Tippen Sie auf den Text oben links, erreichen Sie ein Übersichtsmenü, aus dem Sie Interpreten, Alben, Titel oder Listen aussuchen können.

Die Apple Watch als Fernbedienung

Die kleine App „*Remote*“ greift auf die iTunes-Mediathek von Computern im gleichen WLAN-Funknetz oder auf ein Apple TV zu und kann darüber die Musikwiedergabe auf dem entsprechenden Rechner steuern.

Wenn sie noch keine Mediathek kennt, landen Sie zunächst im Verknüpfungs-Bildschirm. Hier müssen Sie einen vierstelligen Code eingeben, den

Ihnen iTunes anzeigt, wenn Sie in der Menüleiste der Software die Apple Watch auswählen. Danach funktioniert Remote wie die Musik-App – nur dass die Musik eben nicht vom iPhone, sondern vom Computer kommt.

Trainieren mit der Apple Watch

Wer sich schon eine „Sportuhr“ zulegt, will vielleicht nicht nur Geld sparen (die Variante ist die günstigste), sondern auch trainieren. Zuständig sind hier zwei Apps und ein Check.

Gesünder leben

Sich täglich zu bewegen, verlängert das Leben. Wer sich immer nur schlecht motivieren kann, sollte die App „Aktivität“ testen. Sie versucht, den Nutzer über drei Fitnessziele zu aktivieren: Stehen, Bewegen und Trainieren. Je nachdem, wie Ihre Voraussetzungen sind, gibt

Ihnen die App dann ein Programm vor, das Sie erfüllen müssen.

Training aufzeichnen

Für den stärker an Fitness interessierten ist die App „Workout" gedacht. Hier definieren Sie die Art des Workouts, danach zeichnet die App alle relevanten Statistiken auf. Diese Aktivitäten hat Apple vordefiniert:

- Outdoorlaufen
- Outdoorwalken
- Outdoorradeln
- Indoorlaufen
- Indoorwalken
- Indoorradeln
- Crosstrainer
- Rudergerät
- Stepper
- Andere

Herzschlag prüfen

Ihre Herzfrequenz finden Sie nicht in einer App (wobei sie auch von „Workouts“ aufgezeichnet wird), sondern in einem Check. Wischen Sie also mit dem Finger von unten in den Bildschirm. Einer der Checks dort heißt „Herzfrequenz“

Interessante Watch-Apps

Apple hat sich große Mühe gegeben, schon zum Start der Apple Watch interessante Programme (Apps) bereitzustellen, die ihre Funktionalität erweitern.

Apps und Spiele kaufen

Am einfachsten finden Sie neue Watch-Apps über die „Apple Watch“-App auf dem iPhone. Sie können aber auch im iTunes-Store am Computer nach „Apple Watch“ suchen. Eine eigene Store-Abteilung für derartige Apps hat Apple nicht eingerichtet, weil es sich schlussendlich um erweiterte iPhone-Apps handelt.

Gegliedert ist der Appstore in fünf Bereiche: Highlights (von Apple beworben), Topcharts (meistverkaufte), Entdecken (Apps mit Bezug auf Ihren aktuellen Ort oder bestimmte Interessen), Suchen (Suchfunktion) und Updates. Über die Updates kommen Sie sehr bequem stets an die neuesten App-Versionen. Schon aus Sicherheitsgründen sollten Sie diese auch ab und zu herunterladen.

Achtung: Es ist inzwischen oft üblich, eine App kostenlos, aber mit erheblichen Einschränkungen anzubieten. Wenn Sie die volle Funktionalität wünschen, müssen Sie aus der App heraus ein Upgrade kaufen. Trägt eine App bereits „FREE“ im Namen, deutet das sehr darauf hin, dass sie am Ende doch Geld kostet.

Einkäufe in der App („In-App“) sind auch bei Spielen gang und gäbe, wo man dann gegen kleine Beträge bestimmte Upgrades erwerben kann. Doch auch 79 Cent hier und da summieren sich, das sollten Sie auf jeden Fall Ihren Kindern erklären.

Sie können Apps übrigens auch verschenken. Tippen Sie dazu auf den Teilen-Button (Rechteck mit Pfeil nach oben) und wählen Sie aus den Optionen „Geschenk".

Apps installieren und deinstallieren

Wenn Sie eine App im Appstore gekauft haben, installiert sie sich automatisch auf Ihrer Watch. Um sie wieder vom Gerät zu löschen, tippen Sie das App-Icon länger an, bis es zu vibrieren beginnt. Dann betätigen Sie das „x". Dieses Verfahren funktioniert für Apples Standard-Apps nicht, diese lassen sich nicht löschen.

Das Startpaket: Die 50 wichtigsten Apps

Wo sollten Sie anfangen? Hier eine Auswahl der wichtigsten Apps. Je nach Lebensbereich stehen vielfältige Programme bereits, um den Alltag einfacher und effektiver zu gestalten.

Und das in vielen Fällen sogar ohne zusätzliche Kosten.

Kleine Helfer für den Alltag

Ebay Kleinanzeigen

Alte Möbel, Kinderkleidung, Aushilfsjob: die App findet aus rund elf Millionen Anzeigen das, was Sie interessiert. Über die Watch können Sie mit dem Inserenten kommunizieren.

Kosten: Gratis

Download: https://itunes.apple.com/de/app/ebay-kleinanzeigen-kostenlos./id382596778?mt=8

Citymapper

In großen Städten kann man sich schnell einmal verlaufen. Nicht so mit Citymapper. Die App funktioniert wie ein Navigationsgerät auf der Apple Watch und führt den Anwender zur Schule, zur Uni, zur Arbeit oder zu vielfältigen Freizeitaktivitäten. Voraussetzung: Die eigene Stadt muss in dem Programm gelistet sein.

Kosten: Gratis

Download: https://itunes.apple.com/de/app/citymapper-der-ultimtive/id469463298?mt=8

Wunderlist

Wer sich To-do-Listen anlegt, kommt schneller, preiswerter und effizienter durchs Leben. Das Erstellen und Aktualisieren der Aufgaben wird durch Wunderlist gewährleistet. Ob privat, im Beruf, für die Schule oder das Hobby: Organisieren war noch nie so einfach.

Kosten: Gratis

Download: https://itunes.

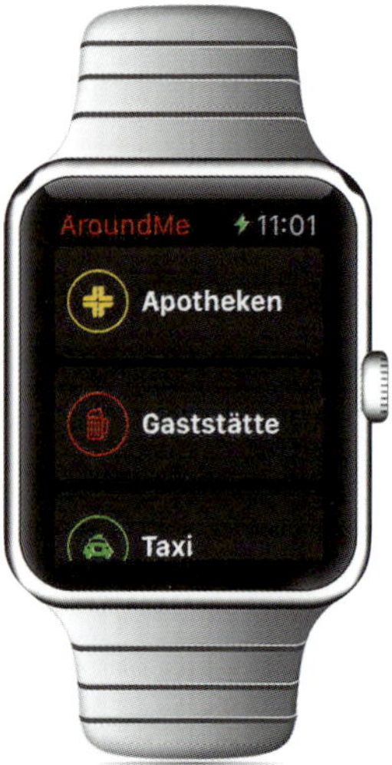

apple.com/de/app/wunderlist-to-do-liste/id406644151?mt=8

Around Me

Wo befindet sich die nächste Tankstelle? Wie kommen Sie schnell zum nächstgelegenen Krankenhaus? Around Me kennt die wichtigsten Points of Interest rund um Ihren aktuellen Standort.

Kosten: Gratis

Download: https://itunes.apple.com/de/app/aroundme/id290051590?mt=8

iTranslate

Cleveres Übersetzungstool für das Handgelenk. Verwenden Sie die Spracherkennung, um Wörter einzugeben und in über 90 Sprachen übersetzen zu lassen.

Kosten: Gratis

Download: https://itunes.

apple.com/de/app/itranslate-ubersetzer-worterbuch/id288113403?mt=8

Professionelle Unterstützung bei Business und Finanzen

Evernote

Bei allen Terminen und Aufgaben im Büro kann man schnell einmal den Überblick verlieren. Dank Evernote gelingt das Strukturieren des Arbeitstages aber problemlos. Das virtuelle Sekretariat für die Apple Watch weist seinen Anwender auf alle zu erledigenden Tätigkeiten hin – und hilft dabei, sämtliche To-do-Listen zu bewältigen.

Kosten: Gratis

Download: https://itunes.apple.com/de/app/evernote/id281796108?mt=8

Finanzblick

Alle Konten und sonstigen Vermögensstände verwalten, Überweisungen und Bankgeschäfte vornehmen, den Überblick über sämtliche Kreditkarten, Verträge und Darlehen behalten. Die App Finanzblick gilt als moderner und TÜV-geprüfter Alleskönner für die privaten oder geschäftlichen Finanzen. Zudem kann das Programm auf kommerzielle Bonus-, Rabatt- und Treuekarten erweitert werden.

Kosten: Gratis

Download: https://itunes.apple.com/de/app/finanzblick-onlinebanking/id401912744?mt=8

1Password

Auf der Arbeit, beim Konto oder für den Privatgebrauch nutzen wir in unterschiedlichen Situationen

Passwörter. Idealerweise, um uns zu schützen. Doch wer die genaue Buchstabenabfolge vergisst, kann schnell vor erheblichen Problemen stehen. 1Password soll demgegenüber die Verwaltung aller Sicherheitscodes gewährleisten.

Kosten: Gratis

Download: https://itunes.apple.com/de/app/1password/id568903335?mt=8

Trello

Müssen im Büro mal wieder Teams zusammengestellt, Aufgaben verteilt und Ziele in enger Frist erreicht werden? Trello ermöglicht einen Überblick zu allen bereitstehenden Mitarbeitern und Ressourcen.

Darüber hinaus können geschäftliche und private Planungen, Buchungen und Terminabsprachen getroffen werden.

Kosten: Gratis

Download: https://itunes.apple.com/de/app/trello-organize-anything/id461504587?mt=8

ATracker

Sie haben am Ende eines langen Arbeitstages immer noch zu viel Arbeit übrig? Diese App hilft Ihnen, Ihren Tagesplan besser zu bewältigen.

Etwa beim Meeting, in dem für jedes Thema nur wenige Minuten bereitstehen. Nach einem zuvor festgelegten Plan sendet die Apple Watch Signale an das Handgelenk des Nutzers, der sodann den nächsten Tagungspunkt beginnen kann.

Kosten: 4,99 Euro (Vollversion)

Download: https://itunes.apple.com/de/app/atracker-tagliche-zeitmanagement/id522008611?mt=8

Lernen in Schule und Studium

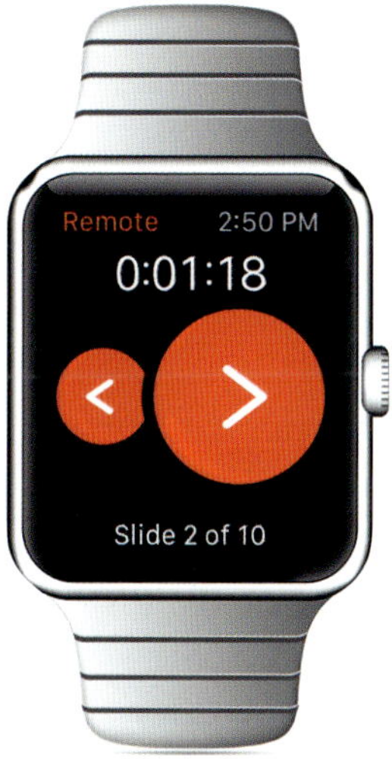

Microsoft PowerPoint

Muss für die Schule oder die Universität mal wieder ein Referat vorbereitet werden? Dank Microsoft PowerPoint gelingt es mühelos, die entsprechenden Bilder, Schautafeln und Diagramme als mediale Unterstützung einzusetzen. Auf der Apple Watch können die Vorträge erstellt und bearbeitet, versendet und archiviert werden.

Kosten: Gratis

Download: https://itunes.apple.com/de/app/microsoft-powerpoint/id586449534?mt=8

Babbel

Sprachenlernen leicht gemacht. Mit Babbel werden keine trockenen Vokabeln gepaukt. Stattdessen werden Worte und Aussagen in einen verständlichen Kontext integriert. Damit gelingt das Verinnerlichen und Merken deutlich einfacher. Babbel ist für 14 unterschiedliche Sprachen anwendbar. Der Zugang zu den Vokabeln funktioniert über ein Abonnement (kostenpflichtig).

Kosten: Gratis

Download: https://itunes.apple.com/de/app/lerne-englisch-spanisch-franzosisch/id829587759?mt=8

iVocabulary 3

Sprachenlernen leicht gemacht. Mit iVocabulary wandern Diashow, Multiple-Choice-Fragen und Lernkarten auf die Watch. Kostenlose Version begrenzt auf zwei Vokabelhefte mit je 30 Wörtern.

Kosten: Gratis

Download: https://itunes.apple.com/de/app/ivocabulary-3-dein-personlicher/id471594761?mt=8

PlayKids

Auch kleine Kinder wollen lernen. PlayKids stellt dafür mehr als 200 Filme und Eigenproduktionen, Merkbilder und kreative Denksportaufgaben zur Verfügung. Ohne Werbung oder sonstige Beeinflussung. Die Eltern können das jeweilige Programm auf der Apple Watch zudem überwachen, indem sie über das iPad oder das iPhone eine entsprechende Verbindung aufbauen.

Kosten: Gratis

Download: https://itunes.apple.com/de/app/playkids-videos-educational/id613398383?mt=8

Study Pattern

Studenten kennen das Problem: Nach einem langen Tag in den Hörsälen und Seminarräumen bleibt häufig keine Zeit mehr zum Lernen. Study Pattern sammelt jedoch alle Daten und gestaltet den Tagesverlauf damit effektiver. Die App dient einigen US-amerikanischen Universitäten schon jetzt als Grundlage, um die Lerndauer für eine erfolgreiche Klausur zu bestimmen oder – in der Gesamterfassung aller Zeiten – die Länge eines Studiums zu bemessen.

Kosten: Gratis

Download: https://itunes.apple.com/de/app/study-pattern/id937287428?mt=8

Gesundheit und Fitness für ein bewusstes Leben

Komoot

Es mag nicht immer ganz einfach sein, für die nächste Radtour oder den Jogginglauf eine anspruchsvolle und individuell geeignete Strecke zu finden. Mit Komoot werden dagegen alle verfügbaren Routen angezeigt und können spielend einfach den persönlichen Wünschen und Bedürfnissen angepasst werden.

Kosten: Gratis

Download: https://itunes.apple.com/de/app/komoot-fahrrad-outdoor-routenplaner/id447374873?mt=8

7 Min Workout

Fit und gesund in gerade einmal sieben Minuten? Die App wird

mit persönlichen Daten gespeist und entwickelt auf dieser Basis individuelle Trainingspläne. Dank des integrierten Pulsmessers der Apple Watch werden dabei alle Übungen auf optimalem Leistungsniveau absolviert.

Kosten: 2,99 Euro

Download: https://itunes.apple.com/de/app/7-min-workout-7-minuten-trainingseinheit/id680170305?mt=8

Qardio Gesundheit

Jeder Schritt, jede Tätigkeit hat einen Einfluss auf unseren Puls, den Blutdruck und den Schlag des Herzens. Durch die integrierten Sensoren wird die Apple Watch alle relevanten Werte messen und seinen Träger auf etwaige Veränderungen hinweisen. Die medizinische App kann sämtliche Daten sogar zur

Auswertung an einen Arzt senden.

Kosten: Gratis

Download: https://itunes.apple.com/de/app/qardio-heart-health-blood/id855275752?mt=8

Lifesum

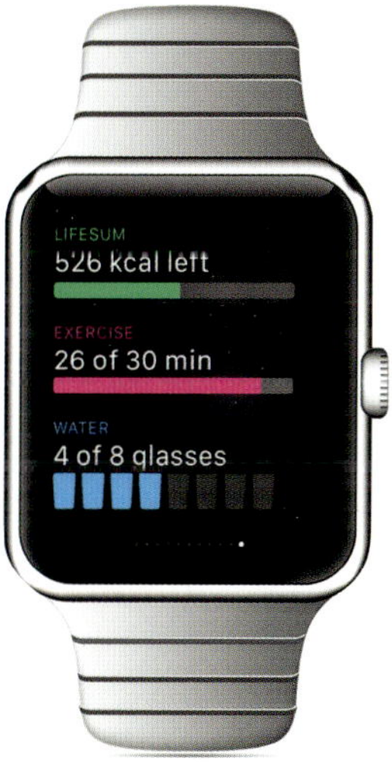

Sport und Ernährung bilden die Grundlagen für Gesundheit und Wohlbefinden. Über Lifesum kann der Anwender seine Fitness und seine Ziele neu ausrichten. Mit einem Barcodescanner werden Speisen überprüft und deren Inhaltsstoffe bewertet. Ein persönlicher Trainingsplan passt sich anhand all dieser Werte ganz den Wünschen des Nutzers an. Premium-Funktionen via Abo zugänglich.

Kosten: Gratis

Download: https://itunes.

apple.com/de/app/lifesum-lifestyle-tracker/id286906691?mt=8

Strava

Bei Läufen oder Radfahrten ändert sich unser Puls, unser Tempo und damit auch unser Leistungsvermögen. Dank Strava sammelt die Apple Watch jedoch genau diese Daten und stellt sie zur Nachbereitung zur Verfügung. Das Training für den nächsten Wettkampf wird damit zum Kinderspiel. Premium-Version kostenpflichtig.

Kosten: Gratis

Download: https://itunes.apple.com/de/app/strava-running-cycling-gps/id426826309?mt=8

Technische Hilfe für Shopping und Lifestyle

Marktjagd

Aufgepasst, Schnäppchenjäger! Marktjagd zeigt Ihnen aktuelle Angebote an. Daneben können Sie in virtuellen Shops stöbern, einen Blick in Verkaufskataloge werfen oder günstige Preis finden. Mehr als 250.000 Geschäfte wurden bislang in die Datenbank integriert.

Kosten: Gratis

Download: https://itunes.apple.com/de/app/marktjagd-dein-einkaufshelfer/id615348868?mt=8

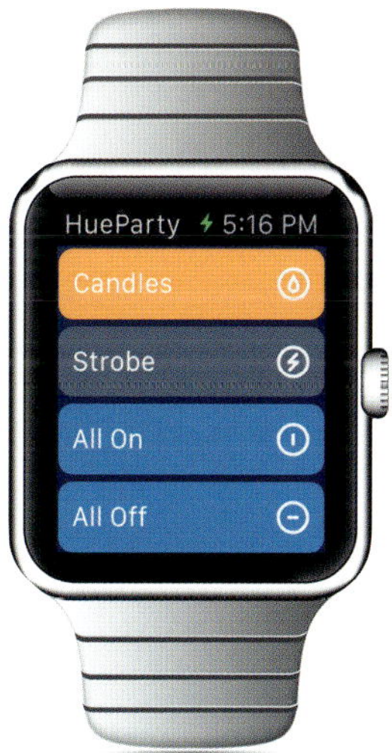

Hue Party

Musik und Licht lassen sich bei dieser App zu einem einzigartigen Kunstwerk vereinen. Die App reagiert auf alle Klänge im nahen Umfeld und weist sämtliche Lampen eines Zimmers oder der Wohnung an, nach dem akustischen Vorbild die Helligkeit oder die Farben der Beleuchtung zu verändern.

Kosten: Gratis

Download: https://itunes.apple.com/de/app/hue-party/id630956426?mt=8

Sumptus

Beim Einkaufen mal wieder das Budget überschritten? Wer nicht dauerhaft in die roten Zahlen rutschen möchte, nutzt Sumptus. Damit werden alle Ausgaben schnell erfasst und addiert. Das zuvor festgelegte Budget kann überwacht werden. Auch das Verwalten unterschiedlicher Währungen ist möglich.

Kosten: 3,99 Euro

Download: https://itunes.

apple.com/de/app/id919233512?mt=8

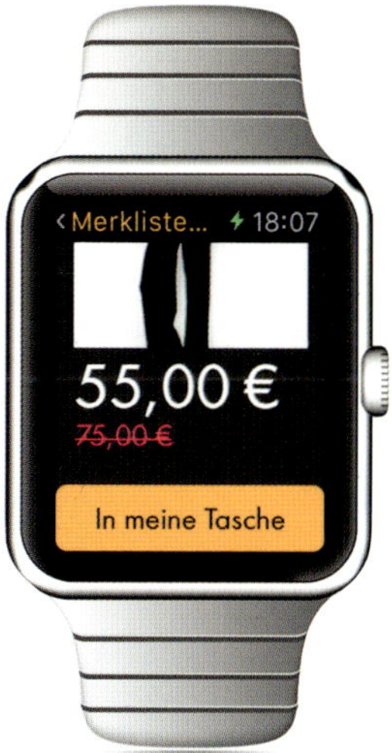

Asos

Shoppen macht Spaß – wenn es nicht mit der endlosen Suche nach dem perfekten Detail verbunden wäre. Dank ASOS werden nahezu eintausend unterschiedliche Marken nach Produkten, Farben, Größen, Preisen und Qualität sortiert. Einkaufen per Fingerklick. Und schneller bezahlen als an jeder Ladenkasse.

Kosten: Gratis

Download: https://itunes.apple.com/de/app/asos/id457876088?mt=8

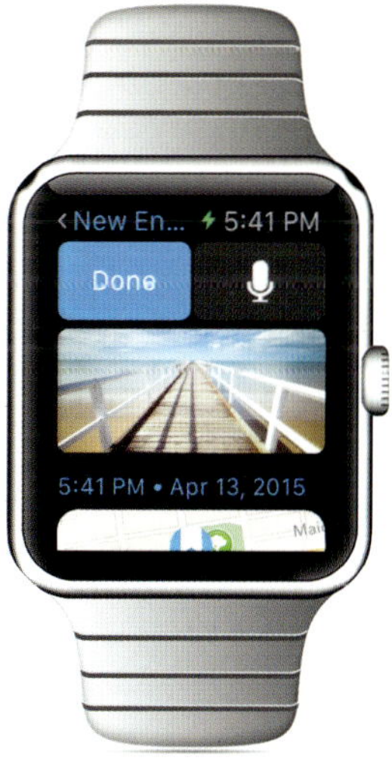

Day One

Tagebuchschreiben ganz ohne Stift und Papier. Mit Day One lassen sich sämtliche Gedanken digital festhalten und mit Musik, Bildern oder Videos die Intensität des Moments unterstreichen. Über einen Stimmenrekorder ist es zudem möglich, alle Eingaben auch in die Apple Watch einzusprechen.

Kosten: 4,99 Euro

Download: https://itunes.apple.com/de/app/day-one-tagebuch/id421706526?mt=8

Kommunikation und Kontakte auf der Apple Watch

Twitter

Der Name ist Programm für diese App. Unterwegs die neuesten Nachrichten von Freunden und Bekannten lesen, aktuellen Trends folgen und somit nahe am Puls der Zeit sein. Auch über das vergleichbar kleine Display der Apple Watch muss niemand mehr auf seine sozialen Kontakte verzichten.

Kosten: Gratis

Download: https://itunes.apple.com/de/app/twitter/id333903271?mt=8

Drafts 4

Die besten Ideen kommen einem immer dann, wenn kein Notizbuch zur Hand ist. Mit der Apple Watch können über Drafts 4 aber alle Gedanken und Einfälle notiert und an jeden Empfänger, jeden Mailaccount und diverse soziale Netzwerke weltweit versendet werden.

Kosten: 9,99 Euro

Download: https://itunes.apple.com/de/app/drafts-4-quickly-capture-notes/id905337691?mt=8

Instagram

Den aktuellen Moment einfangen – und mit der Welt teilen. Fotos, Videos und Texte können mit der App in das soziale Netzwerk Instagram gepostet werden. Etwa für den Kontakt mit Freunden, als Ausdruck der eigenen Kreativität oder für die tägliche Arbeit.

Kosten: Gratis

Download: https://itunes.apple.com/de/app/instagram/id389801252?mt=8

Skype

Privat oder beruflich tritt immer wieder das Erfordernis auf, schnell und reibungslos zu kommunizieren. Wer gerade kein Mailprogramm oder eine Telefonverbindung nutzen kann, der verwendet Skype. Kurze Textnachrichten und Videochats wandern dabei in allen Lebenslagen hin und her.

Kosten: Gratis

Download: https://itunes.apple.com/de/app/skype-fur-iphone/id304878510?mt=8

Lovoo

Unterwegs mit netten Menschen kommunizieren oder sogar flirten. Mit Lovoo werden alle Personen in einem bestimmten Umkreis angezeigt, die dem vorher erstellten Persönlichkeitsprofil ähneln. Damit finden Sie Freunde, Kollegen und romantische Abenteuer finden (primär aber Dates).

Kosten: Gratis

Download: https://itunes.apple.com/de/app/lovoo-people-like-you.-deine/id445338486?mt=8

Unterhaltungsmedien neu definiert

Shazam

Spielt im Radio wieder der eine Song, den wir so mögen – aber leider nicht kennen? Einfach die Apple Watch am Handgelenk schütteln, schon zeigt Shazam den Titel und seinen Interpreten plus Hintergrundinformationen an. Gleiches gilt für Filme und Fernsehsendungen, die die App mühelos identifiziert.

Kosten: Gratis

Download: https://itunes.apple.com/de/app/shazam/id284993459?mt=8

Instapaper

Aus einer ganzen Zeitung interessieren uns meist nur wenige Texte. Mit Instapaper ist es möglich, alle relevanten Artikel zu sammeln und mobil zu nutzen. Dabei können Archive angelegt, Änderungen vorgenommen oder nicht mehr benötigte Schriften gelöscht werden. Auf Wunsch werden die einzelnen Passagen durch die Sprachausgabe sogar vorgelesen.

Kosten: Gratis

Download: https://itunes.apple.com/de/app/instapaper/id288545208?mt=8

ProCamera 8

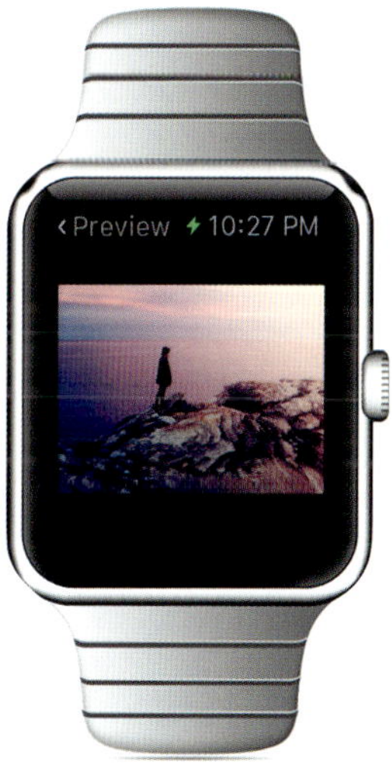

Den perfekten Moment fotografisch festhalten: Mit ProCamera 8 gelingt dieses Vorhaben ohne lästige Verzögerungen. Dank der hohen Qualität der Software entstehen auf der Apple Watch (natürlich vom iPhone fotografiert) eindrucksvolle Aufnahmen von bestechender Schärfe. Das Bild können Sie umgehend zur Weiterverarbeitung oder zum Versenden in einer Mail nutzen.

Kosten: 3,99 Euro

Download: https://itunes.apple.com/de/app/procamera-8/id694647259?mt=8

Flipboard

Wer möchte sich nicht gerne eine Zeitschrift zusammenstellen, die ausschließlich aus interessanten Artikeln besteht? Flipboard greift dabei auf veröffentlichte Texte und Bilder zurück, die sodann nach persönlichen Wünschen angeordnet werden können. Zudem ist eine Veröffentlichung auf den sozialen Netzwerken möglich.

Kosten: Gratis

Download: https://itunes.apple.com/de/app/flipboard-dein-social-news/id358801284?mt=8

Pacemaker

Ein kleiner Komponist und DJ schlummert in vielen Menschen. Die App Pacemaker erfüllt auf der Apple Watch diesen Wunsch und ermöglicht, unterschiedliche Musikstücke, Songs und Geräusche miteinander zu mischen. Das Programm zeichnet die jeweilige Eigenkreation dabei auf und stellt sie zum Bearbeiten oder zum Versenden bereit.

Kosten: Gratis

Download: https://itunes.apple.com/de/app/pacemaker-dein-personlicher/id593873080?mt=8

Reisen in Nah und Fern

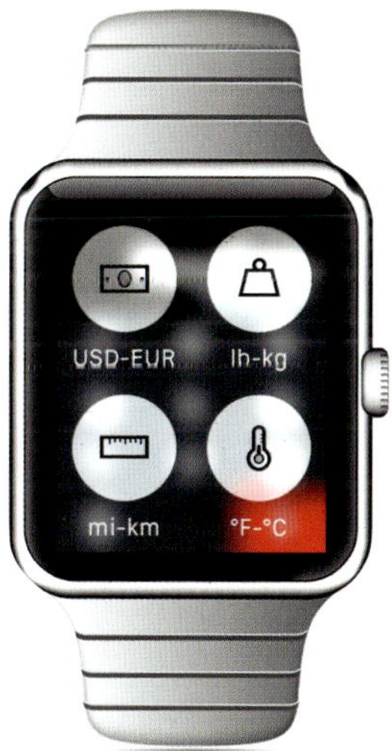

Calcbot

Beim Shopping in fremden Ländern schnell einmal die Währung umrechnen? Mit dem Calcbot ist das - ebenso wie viele andere Rechenfunktionen - kein Problem mehr. Die App führt automatisch regelmäßige Updates durch, wird also immer den neuesten Kurs bereithalten.

Kosten: Gratis

Download: https://itunes.apple.com/de/app/calcbot-intelligent-calculator/id376694347?mt=8

DB Navigator

Kommt es mal wieder zu Verspätungen bei der Bahn? Mit dieser App lassen sich ganz einfach alle Fahrpläne, Anschlusszüge und Umstiegsmöglichkeiten finden. Ebenso können Sie Reservierungen für Sitzplätze vornehmen. Die Software arbeitet dabei mit sekundengenauen Daten und aktualisiert sich automatisch.

Kosten: Gratis

Download: https://itunes.apple.com/de/app/db-navigator/id343555245?mt=8

Booking Now

Bislang war es lästig und zeitraubend, Flüge, Hotelzimmer und Mietwagen für die Urlaubsreise zu reservieren. Booking Now vereinfacht diese Notwendigkeit, indem ein Kontakt zu allen relevanten Anbietern hergestellt wird. Dank der integrierten Spracherkennung können Textpassagen übersetzt werden. Auswahl und Buchung sind einfach.

Kosten: Gratis

Download: https://itunes.apple.com/de/app/booking-now/id516563800?mt=8

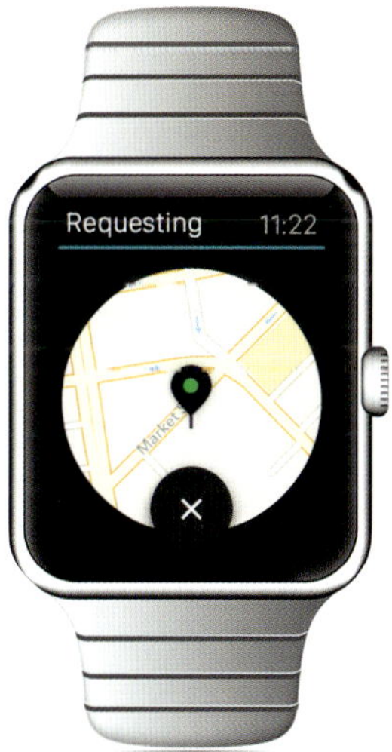

Uber

Wo ist das Taxi, wenn man es einmal braucht? Per Uber können Sie binnen wenigen Minuten Fahrer, Fahrdienste oder Mietwagen finden und bestellen (zumindest, wenn Uber am Fahrziel seine Dienste anbieten darf). Je nach Reiseziel, gewünschtem Komfort und Preisbudget werden hier von der schlichten Mitfahrgelegenheit bis zum persönlichen Chauffeur alle Wünsche und Bedürfnisse erfüllt.

Kosten: Gratis

Download: https://itunes.apple.com/de/app/uber/id368677368?mt=8

Mein Reiseplaner

Gehören Sie auch zu den Menschen, die beim Kofferpacken garantiert das Wichtigste vergessen? Die App Mein Reiseplaner baut vor – dank ihrer detaillierten Checklisten (auch auf der Watch) lassen Sie garantiert nichts zu Hause, was Sie unbedingt brauchen.

Kosten: 1,99 Euro

Download: https://itunes.apple.com/de/app/mein-reiseplaner/id348737462?mt=8

Kulinarische Genüsse einfach und gesund

Kitchen Stories

Schnell, lecker und gesund kochen? Mit Kitchen Stories werden auf der Apple Watch alle Zutatenlisten, Rezepte und genauen Anleitungen präsentiert. Über die Videofunktion wird Schritt für Schritt nachverfolgt, wie aus sämtlichen Komponenten ein fertiges Menü entsteht. Warme Speisen, Gebäck, Süßigkeiten und Getränke gelingen damit mühelos.

Kosten: Gratis

Download: https://itunes.apple.com/de/app/kitchen-stories-gratis-video/id771068291?mt=8

TripAdvisor

Spontan einen Tisch im Restaurant reservieren? Mit dem TripAdvisor gewinnen Sie aus tausenden Erfahrungsberichten anderer Nutzer ein erster Eindruck zur Lokalität und deren Service. Gleiches gilt für Hotels, Shops und Flughäfen. Ebenso können Sie anschließend die eigenen Erlebnisse mit der Welt teilen.

Kosten: Gratis

Download: https://itunes.apple.com/de/app/tripadvisor-hotels-fluge-restaurants/id284876795?mt=8

Green Kitchen

Gesunde und vor allem pflanzliche Speisen gehören zur Basis des menschlichen Wohlbefindens. Mit der App Green Kitchen empfängt der Nutzer alle Rezepte und Anwendungsschritte solcher Menüs auf der Apple Watch. Neben traditionellen Gerichten werden regelmäßig auch neue Kreationen vorgestellt.

Kosten: 4,99 Euro

Download: https://itunes.apple.com/de/app/green-kitchen-gesunde-vegetarische/id466252999?mt=8

Bring!

Wer kochen möchte, benötigt dafür bestimmte Zutaten. Ob diese vorhanden sind oder erst gekauft werden müssen, lässt sich ganz einfach mit Bring! bestimmen, und zwar in Form von Einkaufslisten für unterschiedliche Personen und Anlässe. Die erstellten Daten lassen sich auch versenden – falls Menüs abgesprochen oder individuelle Wünsche berücksichtigt werden müssen.

Kosten: Gratis

Download: https://itunes.apple.com/de/app/bring!-einkaufsliste/id580669177?mt=8

Yelp

Viele Geschäfte, Restaurants und Bars erwecken von außen einen verlockenden Eindruck. Aber wie ist es um das Angebot bestellt? Mit Yelp können Sie die Speisekarten vieler Lokalitäten im nahen Umkreis betrachten und Nutzer-Beurteilungen studieren. Wenn Sie dann immer noch Appetit haben, reservieren Sie mit der App einen Tisch.

Kosten: Gratis

Download: https://itunes.apple.com/de/app/yelp/id284910350?mt=8

Spiele für den Zeitvertreib

Rules!

Wohl jeder von uns kennt das Memoryspiel: Symbole aufdecken, merken und zusammengehörige Paare finden. Bei Rules! sind die Regeln ähnlich – mit dem kleinen Unterschied, dass die virtuellen Figuren auf den Karten alles mögliche unternehmen werden, um dem Gedächtnis der Anwender einen Streich zu spielen.

Kosten: 2,99 Euro

Download: https://itunes.apple.com/de/app/rules!/id840811083?mt=8

Stadt Land Fluss

Wörter zu einer vorgegebenen Kategorie zu finden - das macht schon auf Papier Spaß. Als App ist die Kategorien-Auswahl größer, außerdem muss Ihnen der Gegner nicht gegenübersitzen. Die Watch führt Buch über Ihre Erfolge.

Kosten: 0,99 Euro

Download: https://itunes.apple.com/de/app/stadt-land-fluss-wortespiel/id687877464?mt=8

Trivia Crack

Die Programmierer haben in den vergangenen Jahren viele Millionen Fragen und Antworten (auch in Deutsch) aus dem alltäglichen Leben gesammelt - und sie in dem Spiel Trivia Crack zusammengefasst. Den Anwender erwartet hier ein niveauvolles

Game, dessen Lösungen nicht immer ganz einfach sind. Durch die Verbindung zu Freunden und Kollegen lassen sich die erzielten Ergebnisse zudem vergleichen.

Kosten: Gratis

Download: https://itunes.apple.com/de/app/trivia-crack/id651510680?mt=8

BoxPop

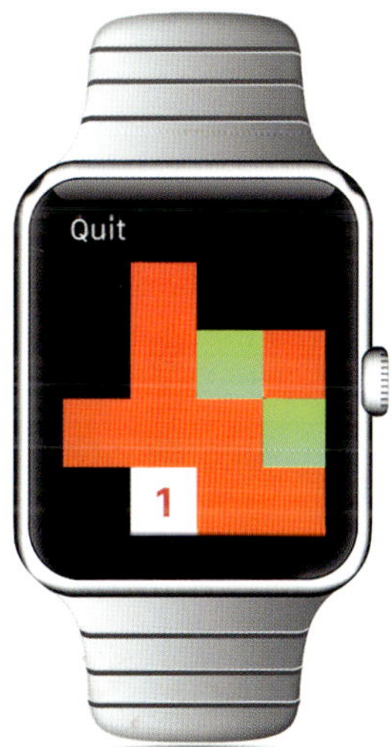

Tetris einmal anders. Bei BoxPop werden Gegenstände in unterschiedlichen Formen neben- und übereinander angeordnet. Das mag in den anfänglichen Leveln simpel wirken, steigert sich in den höheren Bereichen aber erheblich. Der Spielspaß reift schnell zum Suchtfaktor und es bereitet Vergnügen, das eigene Talent zu verbessern.

Kosten: Gratis

Download: https://itunes.apple.com/de/app/boxpop/id895127924?mt=8

Letterpad

Neun Puzzleteile mit Schriftzeichen. Und es ist die Aufgabe des Nutzers, alle in dem Buchstabensalat verborgenen Begriffe zu finden. Letterpad regt das Gehirn an, sorgt aber ebenso für kurzweiliges Vergnügen. Denn gerade unter Zeitdruck ist es nicht immer ganz einfach, die vorgegebenen Rätsel zu lösen. Gleichzeitig lernen Sie Englisch.

Kosten: Gratis

Download: https://itunes.apple.com/de/app/letterpad-free-word-puzzles/id943235780?mt=8

Tipps und Tricks

Mit den Tipps und Tricks aus diesem Kapitel nutzen Sie Ihre Apple Watch noch schlauer – manche Funktionen hat Apple versteckt, andere haben findige Programmierer nachgerüstet.

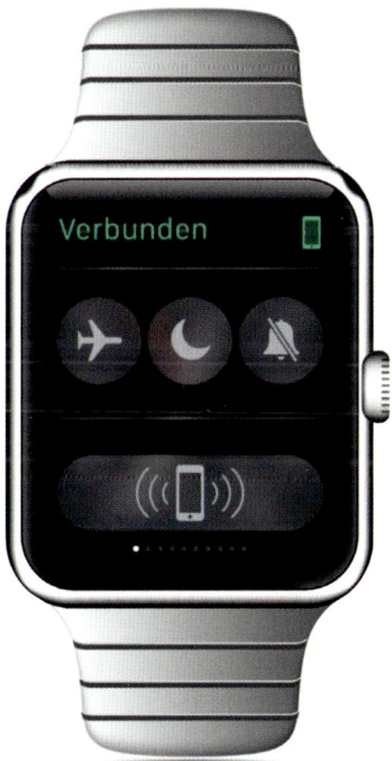

iPhone wiederfinden

Sie verlegen gern Ihr Handy? Wenn es noch irgendwo in der Nähe ist, rufen Sie auf der Apple

Watch den Check „Einstellungen“ auf und wählen hier das unterste Symbol.

Bildschirmfotos anfertigen

Wenn Sie Krone und Seitentaste kurz gleichzeitig drücken, fertigt WatchOS einen Screenshot an. Das Bildschirmfoto finden Sie danach in der Galerie des iPhones. Es hat die Pixel-Maße des jeweiligen Watch-Screens.

Apple Watch ohne iPhone

Ohne Verbindung zum iPhone ist die Apple Watch ziemlich dumm. Aber sie wird nicht völlig funktionslos. Weiterhin tadellos laufen:

- Musik (synchronisierte Listen)
- Wecker
- Timer
- Stoppuhr
- Aktivitäten aufzeichnen

- Trainings erfassen
- Fotos (synchronisierte Alben)
- Apple Pay

Die Apple Watch aufladen

Der Akku in der Watch ist ziemlich klein – trotzdem ist ein Tag Laufzeit leicht erreichbar. Neue Energie zu tanken, dauert nicht lange: Innerhalb einer Stunde schaffen Sie es von 50 auf 100 Prozent.

Wenn der Akku vor Tagesende zur Neige geht, hilft die Option „Gangreserve" leider nicht wirklich weiter, bewirkt sie doch lediglich, dass nur noch die Uhrzeit angezeigt wird.

Standort per SMS senden

Statt lange herumzureden, wo Sie sich befinden, können Sie in der SMS-App Ihren Standort einfach per Kurznachricht senden. Dazu drücken Sie in der Übersicht fest auf den Bildschirm. Der Tipp funktioniert nur, wenn Ihr Kontakt iMessages empfangen kann.

Watch-Apps schneller starten

Die Icons der Anwendungen sind winzig, und ihre Anordnung im Karrussell ist unübersichtlich. Wenn Sie irgendwann 50 Apps installiert haben – wie finden und treffen Sie dann am schnellsten die richtige Anwendung?

Ganz einfach: Sie drücken die Krone länger und sprechen den Namen der App aus. Siri ist ein Computer und als solcher deutlich schneller als Sie.

Musik ans Apple TV beamen

In der Musik-App verstecken sich zwei nützliche Buttons. Um sie zu finden, müssen Sie ein Musikstück abspielen und dann fest auf das Display drücken. Danach haben Sie die

Möglichkeit, den aktuellen Song via AirPlay an ein anderes Gerät zu schicken, etwa an ein Apple TV oder auch an ein Amazon Fire TV.

Außerdem können Sie die Quelle des Songs wechseln, also zwischen iPhone und Watch.

Schneller App-Wechsel

Die Krone hat noch eine weitere, bisher unerwähnte Funktion: Wenn Sie kurz zweimal hintereinander darauf klicken, wechseln Sie direkt zwischen Zifferblatt und der zuletzt genutzten App, ohne den Umweg über das Karussell.

Buntere Smileys

In der Nachrichten-App können Sie riesige Smileys (Emojis) senden. Geben Sie sich nicht mit den vordefinierten Farben zufrieden: Drücken Sie kräftig über einem Smiley auf das Display, dann können Sie seine Farbe ändern.

Inhalt

Index

Impressum

Bibliografische Information der Deutschen Nationalbibliothek: Die Deutsche Nationalbibliothek verzeichnet diese Publikation in der Deutschen Nationalbibliografie; detaillierte bibliografische Daten sind im Internet über http://d-nb.de abrufbar.

Für Fragen und Anregungen:
info@mvg-verlag.de
1. Auflage 2015

ein Imprint der Münchner Verlagsgruppe GmbH,
Nymphenburger Straße 86
D-80636 München
Tel.: 089 651285-0
Fax: 089 652096

Umschlaggestaltung: Marco Slowik, München
Layout & Satz: Hanspeter Ludwig, Wetzlar
www.imaginary-world.de
Watch-Umriss im Innenteil: Shutterstock / CKyBe
Bilder S. 13/14/15: Apple

Druck: Florjancic Tisk d.o.o., Slowenien
Printed in the EU
ISBN Print 978-3-86883-765-0

Weitere Informationen zum Verlag finden Sie unter
www.mvg-verlag.de
Beachten Sie auch unsere weiteren Verlage unter
www.muenchner-verlagsgruppe.de